Rund um Methoden

Kopiervorlagen für den Deutschunterricht

Herausgegeben von
Ute Fenske

Erarbeitet von
Andrea Kruse

Cornelsen

Redaktion: Dirk Held, Berlin
Bildrecherche: Angelika Wagener

Illustration: Petra Ballhorn, Berlin
Umschlaggestaltung: Silke Rosemeyer, V.I.S.K
Technische Umsetzung: FKW, Berlin

www.cornelsen.de

Die Webseiten Dritter, deren Internetadressen in diesem Lehrwerk angegeben sind,
wurden vor Drucklegung sorgfältig geprüft. Der Verlag übernimmt keine Gewähr für
die Aktualität und den Inhalt dieser Seiten oder solcher, die mit ihnen verlinkt sind.

1. Auflage, 3. Druck 2017

© 2010 Cornelsen Verlag, Berlin
© 2017 Cornelsen Verlag GmbH, Berlin

Das Werk und seine Teile sind urheberrechtlich geschützt.
Jede Nutzung in anderen als den gesetzlich zugelassenen Fällen bedarf
der vorherigen schriftlichen Einwilligung des Verlages.
Hinweis zu den §§ 46, 52a UrhG: Weder das Werk noch seine Teile dürfen ohne eine
solche Einwilligung eingescannt und in ein Netzwerk eingestellt oder sonst öffentlich
zugänglich gemacht werden.
Dies gilt auch für Intranets von Schulen und sonstigen Bildungseinrichtungen.
Die Kopiervorlagen dürfen für den eigenen Unterrichtsgebrauch
in der jeweils benötigten Anzahl vervielfältigt werden.

Druck: H. Heenemann, Berlin

ISBN 978-3-464-60668-1

PEFC zertifiziert
Dieses Produkt stammt aus nachhaltig
bewirtschafteten Wäldern und kontrollierten
Quellen.

www.pefc.de

Inhaltsverzeichnis

Vorwort und methodische Hinweise   5

Das Lernen organisieren

Hefte und Hefter führen	den übersichtlichen Aufbau eines Hefteintrages kennen lernen	6
Einen Hefteintrag gestalten	Informationen übersichtlich ordnen	8
Einen Rückmeldebogen zur Hefterführung anlegen	Regeln für die Hefterführung formulieren	10
In der Gruppe arbeiten: der Arbeitsablauf	Überschriften in eine sinnvolle Reihenfolge bringen	12
In der Gruppe arbeiten: die Rollenverteilung	Rollenkarten gestalten	13
In der Gruppe arbeiten: die Regeln	gemeinsam Regeln vereinbaren	15
In der Gruppe arbeiten: die Arbeit bewerten	mit einem Fragebogen und einer Zielscheibe die Arbeit der Teammitglieder und die Ergebnisse des Teams beurteilen	16
Vier Ideen für die Gruppenarbeit	verschieden anspruchsvolle Vorschläge für die Gruppenarbeit umsetzen	17
Mit Lernkarteien lernen	einen Lernkarteikasten herstellen	18

Texte, Diagramme und Karikaturen erschließen

Einen Sachtext lesen: Schritt für Schritt	die 5-Schritt-Lesemethode anwenden	20
Inhalte eines Sachtextes veranschaulichen	die Struktur eines längeren Sachtextes mit Hilfe einer Mindmap veranschaulichen	24
Im Wörterbuch nachschlagen	Wörter gezielt auffinden; mit Leitwörtern arbeiten; die Informationen eines Wörterbucheintrages verstehen	28
Mit verschiedenen Nachschlagewerken arbeiten	Informationen aus Wörterbuch, Atlas und Lexikon entnehmen	32
Diagramme schrittweise erschließen	Diagrammformen erkennen und in ihren besonderen Funktionen verstehen; Diagramme beschreiben und auswerten	34
Mit Diagrammen und Tabellen arbeiten	Diagramme und Tabellen lesen; selbst Diagramme anlegen	40
Karikaturen erschließen	Bild und Text systematisch erschließen	43

Das Schreiben vorbereiten, Texte überarbeiten

Ein Brainstorming durchführen	ein Themenangebot für ein Brainstorming nutzen; eine vorgegebene Stoffsammlung auswerten	46
Einen Cluster anlegen	assoziieren üben; ein Cluster mit Hilfe von Bildern anlegen	47
Eine Mindmap für alle Fälle	Funktionen und Möglichkeiten einer Mindmap begreifen; eine Ideensammlung mit Hilfe einer Mindmap strukturieren; eine Stoffsammlung zu vorgegebenen Themen anlegen	49
Einen Schreibplan erstellen	einen Schreibplan für eine lineare und eine kontroverse Erörterung anlegen	51
Texte im Team überarbeiten	eine Schreibkonferenz durchführen	52
Aufgabenstellungen verstehen	Aufforderungsverben erkennen und verstehen	53

Präsentieren und Visualisieren

Einen Vortrag vorbereiten und halten:
ein Überblick .... die einzelnen Arbeitsschritte auf einen Blick   54

Einen Vortrag vorbereiten und halten:
Vorüberlegungen anstellen .... erste Fragen an das Thema stellen;
die Zuhörer in die Vorüberlegungen einbeziehen;
an die Dauer des Vortrags denken   55

Einen Vortrag vorbereiten und halten:
das Thema erschließen .... ein Brainstorming durchführen;
eine Mindmap anlegen   56

Einen Vortrag vorbereiten und halten:
das Material beschaffen .... die geeigneten Nachschlagewerke nutzen;
Informationen einholen   57

Einen Vortrag vorbereiten und halten:
das Material auswerten .... einem Sachtext Informationen entnehmen   58

Einen Vortrag vorbereiten und halten:
das Material ordnen, den Vortrag gliedern ...... Karteikarten anlegen und sortieren   59

Einen Vortrag vorbereiten und halten:
Einleitung und Schluss schreiben .... die Zuhörer neugierig machen;
die eigene Meinung zum Thema formulieren   60

Einen Vortrag vorbereiten und halten:
Anschauungsmaterial einsetzen .... ein Tafelbild erstellen; ein Lernplakat gestalten   61

Einen Vortrag üben und halten .... auf Haltung, Sprache und Kontakt
zu den Zuhörern achten   62

Einen Vortrag bewerten .... Vorträge anhand eines Kriterienkatalogs
bewerten   63

Ein Lernplakat gestalten .... einen Sachtext erschließen;
mit Hilfe von Bildern und Texten
ein Plakat gestalten   64

Diskutieren und szenisches Spielen

Eine Diskussion führen: auf einen Blick ...... Voraussetzungen und Regeln auf einen Blick   68

Eine Diskussion führen:
die Voraussetzungen klären .... argumentieren üben; auf den Gesprächspartner
eingehen; zwischen Meinungen vermitteln   69

Eine Diskussion vorbereiten und führen ...... anhand von Texten Argumente sammeln;
ein Diskussion führen   70

Eine Diskussion
zum Thema „Freundschaft" führen .... Ideen und Argumente zum Thema sammeln;
Widerspruch und Zustimmung formulieren;
diskutieren   72

Die Gesprächsführung üben .... die Aufgaben eines Moderators übernehmen   74
Ein Interview führen .... Themenvorschläge für ein Interview nutzen   75
Szenisches Spielen .... mit Mimik, Gestik und Sprache kurze Szenen spielen;
das Einfühlungsvermögen schulen   76

Lösungen   78
Quellen   80

Vorwort und methodische Hinweise

Das Erlernen von Arbeitstechniken und Methoden hat im heutigen Unterricht einen hohen Stellenwert. Dabei soll die Erarbeitung methodischer Kompetenz, so oft es geht, handlungsorientiert sein. Im Umgang mit den Unterrichtsgegenständen werden Strategien oder Arbeitstechniken vermittelt, an verschiedenen Texten und in unterschiedlichen Lernbereichen angewandt und somit nachhaltig eingeübt. Ziel ist es, dass die Schülerinnen und Schüler lernen, für ihren eigenen Lernprozess Verantwortung zu übernehmen. Dazu gehören zum Beispiel die Fähigkeiten, selbstständig zu arbeiten, in Gruppen zu kooperieren und Arbeitsschritte zu planen.

Das Heft „Rund um Methoden" bietet Arbeitsblätter zu Methoden und Arbeitstechniken, die häufig im Deutschunterricht eingesetzt werden, und richtet sich in der Auswahl nach den oben genannten Zielen. Dass Schülerinnen und Schüler für ihr eigenes Lernen Verantwortung übernehmen, beginnt etwa schon damit, dass sie ein Heft ordentlich führen und Hefteinträge sinnvoll und übersichtlich gestalten. Auch das gemeinsame Arbeiten im Team erfordert verbindliche Absprachen zwischen den Teammitgliedern und Regeln, an die sich jeder hält. Selbstständige Planung ist zum Beispiel dann nötig, wenn ein Referat gehalten, eine Diskussion geführt oder eine komplexere Schreibaufgabe bewältigt werden muss. Für all diese Aspekte bietet das Heft zahlreiche Arbeitsblätter an. Zudem werden verschiedene Lernbereiche berücksichtigt. Es gibt Methoden, die dem Bereich „Umgang mit Texten" zuzuordnen sind, wie etwa die Erschließung von Sachtexten und Diagrammen, und Arbeitstechniken, die dem Bereich „Schreiben" angehören, wie das Anlegen einer Stoffsammlung mit Hilfe einer Mindmap.

Die Kopiervorlagen sind so gestaltet, dass einerseits Regeln und Merkwissen vermittelt werden und es andererseits Anwendungsübungen an konkreten authentischen Beispielen gibt. Ziel dieses Vorgehens ist es, die Schülerinnen und Schüler für eine Methode oder eine Arbeitstechnik zu sensibilisieren, die mögliche Vorgehensweise vorzugeben, um im eigenen Umgang eine Festigung zu erreichen. Die Arbeitsblätter sind so aufgebaut, dass sie von den Schülerinnen und Schülern selbstständig bearbeitet werden können.

Die einzelnen Kopiervorlagen sind oft unabhängig voneinander einsetzbar. Sie können aber auch zu Einheiten zusammengestellt werden, die einen inhaltlichen Bezug haben und auch progressiv aufgebaut sind. Wie aus dem Inhaltsverzeichnis abzulesen ist, gibt es Einheiten zur Gruppenarbeit, zur Gestaltung eines Vortrags oder zur Durchführung einer Diskussion. Darüber hinaus lassen sich auch verschiedene Einheiten von Arbeitsblättern aufeinander beziehen: Methoden zur Erschließung eines Sachtextes braucht man zum Beispiel in der Phase der Informationsbeschaffung, wenn man einen Vortrag vorbereitet. Die Hinweise zur Gruppenarbeit sind nützlich, wenn man gemeinsam eine Diskussion plant. Manche Arbeitstechniken sind auch in verschiedenen Kontexten anwendbar. So kann die Methode des Brainstormings bei der Vorbereitung einer Diskussion dazu dienen, verschiedene Aspekte eines Themas zu sammeln, ein Brainstorming kann aber auch in einer Gruppenarbeit dazu verhelfen, verschiedene anstehende Aufgaben aufzulisten. Eine Mindmap kann einen Kurzvortrag strukturieren, aber auch die Informationen aus einem Sachtext festhalten.

Hefte und Hefter führen

Deine Hefte oder deine Hefter solltest du sehr sorgfältig führen. Denn nur dann kannst du auch noch nach längerer Zeit den Lernstoff wiederholen und bestimmte Sachverhalte, zum Beispiel für eine Klassenarbeit, lernen. Es empfiehlt sich, Hefte oder Hefter in allen Unterrichtsfächern auf die gleiche Weise zu führen.

Aufgabe

1. Lege mit Hilfe des Lineals links und rechts einen Textrand an. Der innere Rand sollte etwa 2 cm, der äußere etwa 3 cm breit sein.

20.10.2010

Textart: Märchen

Rand außen

Rand innen

1. deutsche Volksmärchen
   - jahrhundertelang weitererzählt und verändert
   - zum ersten Mal von den Brüdern Grimm im 19. Jahrhundert gesammelt und veröffentlicht

2. Kunstmärchen
   - von Dichtern ausgedacht
   - Hans Christian Andersen, Wilhelm Hauff

Erkennungsmerkmale:
- beginnen oft mit: „Es war einmal ..."
- keine genauen Orts- und Zeitangaben
- fantastische Handlung
- Zahlen mit besonderer Bedeutung*   * drei, sieben, zwölf
- Wiederholung bestimmter Sprüche, Formeln
- fabelhafte Wesen erfüllen Wünsche, bestrafen
- sprechende Tiere
- meist einfache, anschauliche Sprache
- Gegensätze: groß/klein, arm/reich, gut/böse
- das Gute siegt am Schluss

> Märchen (mhd. maere = Kunde) sind kurze Erzählungen mit einem fantastischen Inhalt, die über Jahrhunderte hinweg mündlich überliefert wurden und sich dadurch verändert haben. Sie unterscheiden sich von den Sagen, da es keine Orts- und Zeitangaben gibt.

5

Fortsetzung von Seite 6 **Hefte und Hefter führen**

Aufgaben

2. Ordne die folgenden Beschreibungen den Pfeilen auf Seite 6 zu.
   Schreibe auf die Linien.

Seitenzahlen erleichtern das
Anlegen eines Inhaltsverzeichnisses.

Besondere Merkkästen
erleichtern das Einprägen.

Oben rechts
steht das Datum.

Mit Fußnoten lassen sich zusätzliche
Informationen am Rand notieren.

Unterstreichungen oder andere Hervorhebungen
verdeutlichen die Wichtigkeit.

Durch Gedankenstriche oder Nummerierungen
werden Aufzählungen übersichtlicher.

Absätze und Leerzeilen erhöhen die Übersichtlichkeit.

---

3. Unterstreiche auf Seite 6 zwei oder drei Textstellen, die du hervorheben willst.

4. Ergänze eine Fußnote am rechten Textrand.
   Tipp: Falls du dazu weitere Informationen zum Thema „Märchen" brauchst,
   schlage in einem Lexikon nach.

5. Hefte Seite 6 ganz vorne in deinem Hefter ab.

Einen Hefteintrag gestalten

Aufgaben

1. Lies den folgenden Text zum Thema „Sagen". Markiere dabei alle wichtigen Informationen.

Sagen

Wenn jemand heute sagt: „Das ist ja sagenhaft", dann meint er meist, dass etwas Bestimmtes, zum Beispiel ein Lottogewinn oder eine sportliche Höchstleistung, unglaublich ist. An die literarische Gattung der „Sage" denkt er jedenfalls gewiss nicht. Dabei handelt auch die literarische Sage von Unglaublichem.

Als Sage (althochdeutsch: saga = Gesagtes, Erzählung) bezeichnet man kurze, fantastische Geschichten, die oft von wunderbaren, eben unglaublichen, Ereignissen erzählen. Sie beziehen sich auf geschichtliche Ereignisse, Naturerscheinungen, auffällige Landschaften oder auch auf Personen. Und sie haben alle gemeinsam, dass sie diese Ereignisse oder Naturerscheinungen erklären wollen. Dabei spielen überirdische Wesen wie Hexen, Riesen, Geister, Gnome usw. eine wichtige Rolle.

Im Unterschied zum Märchen hat die Sage den Anspruch, wahr zu sein, weil sie an wirkliche Gegebenheiten (Orte, Plätze usw.) anknüpft. Ursprünglich sind Sagen ebenso wie Märchen nur mündlich weitergegeben worden.

Man unterscheidet Göttersagen wie die um den griechischen Göttervater Zeus, Heldensagen wie die „Nibelungensage" und Heimatsagen wie den „Rattenfänger von Hameln". Um Sagen richtig einordnen zu können, bieten sich daher die folgenden Fragen an:

1. Wo und wann spielt die Sage?
2. Was (welcher Umstand, welches Ereignis) wird mit der Sage erklärt?

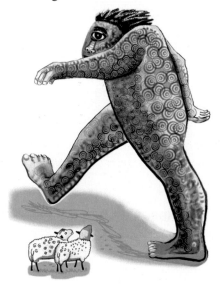

2. Welche Arten von Sagen werden unterschieden? Notiere.

   1. _____
   2. _____
   3. _____

3. Woran kannst du Sagen erkennen? Notiere Stichworte.

   _____
   _____
   _____

4. Fasse in einem Satz zusammen, wie sich Sagen von Märchen unterscheiden.

   _____
   _____
   _____
   _____

Fortsetzung auf Seite 9

Fortsetzung von Seite 8　　　**Einen Hefteintrag gestalten**

Aufgabe

5. Gestalte einen Hefteintrag zum Thema „Sagen".
   Nutze dazu deine Vorarbeiten aus den Aufgaben 1 bis 4 und beachte die Hinweise am Textrand.
   Tipp: Auf Seite 6 findest du eine fertig gestaltete Seite.

Rand innen	**Textart:** _____	Rand außen	
			Oben rechts steht das Datum.
			Unterstreichungen oder andere Hervorhebungen verdeutlichen die Wichtigkeit.
			Durch Gedankenstriche oder Nummerierungen werden Aufzählungen übersichtlicher.
			Absätze und Leerzeilen erhöhen die Übersichtlichkeit.
			Mit Fußnoten lassen sich zusätzliche Informationen am Rand notieren.
			Besondere Merkkästen erleichtern das Einprägen.
			Seitenzahlen erleichtern das Anlegen eines Inhaltsverzeichnisses.

Einen Rückmeldebogen zur Hefterführung anlegen

Mit einem Rückmeldebogen kannst du überprüfen, ob du die wichtigsten Regeln bei der Hefterführung beachtest. Auch deine Lehrerin oder dein Lehrer kann dir mit Hilfe eines solchen Bogens eine genaue Rückmeldung geben. Das ermöglicht dir, deine Stärken zu erkennen und gezielt an deinen Schwächen zu arbeiten. Am besten legst du deinen Rückmeldebogen gleich auf der Rückseite des Deckblattes an.

Aufgaben

1. Worauf musst du bei der Führung eines Hefters achten?
   Formuliere selbst fünf Regeln. Schreibe ganze Sätze.

1. Regel: _____

2. Regel: _____

3. Regel: _____

4. Regel: _____

5. Regel: _____

2. Markiere mindestens acht weitere Regeln, die dir wichtig erscheinen.
   Achtung: Ein paar der folgenden Regeln sind nicht richtig.

Die äußere Form des Hefters ist gepflegt.

Das Titelblatt ist ansprechend gestaltet.

Das Inhaltsverzeichnis ist vollständig.

Der Ordner ist sinnvoll gegliedert.

Alle Arbeitsblätter sind vorhanden.

Die Seiten sind schön bunt gestaltet.

Die Arbeitsblätter sind vollständig ausgefüllt.

Wo notwendig, hast du Lineal oder andere Hilfsmittel verwendet.

Deine Schrift ist ordentlich.

Die Skizzen sind mit Bleistift erstellt, sie sind deutlich und sauber.

Es gibt keine Leerzeilen, damit kein Platz verschwendet wird.

Die Aufgaben wurden fachlich richtig bearbeitet.

Du hast auf korrekte Rechtschreibung geachtet.

Du hast Bilder, Fotos oder Zeichnungen zum Thema hinzugefügt.

Du hast zusätzliche Informationen und eigene Texte hinzugefügt.

Du hast passende Überschriften und Zwischenüberschriften gefunden.

Du hast auf den Seiten einen Rand für Korrekturen und Ergänzungen gelassen.

---

3. Besprecht die Auswahl, die ihr in Aufgabe 2 getroffen habt, mit einer Partnerin oder einem Partner. Seid ihr einer Meinung? Wenn nicht, versucht, euch gegenseitig zu überzeugen.

Fortsetzung auf Seite 11

Fortsetzung von Seite 10 **Einen Rückmeldebogen zur Hefterführung anlegen**

Aufgabe

4. Hefte den folgenden Rückmeldebogen in deinem Hefter ab.
   Ergänze deinen Namen in der ersten Zeile der Tabelle.

☺☺	☺	😐	☹	Name:
				Die äußere Form des Hefters ist gepflegt.
				Das Titelblatt ist ansprechend gestaltet.
				Das Inhaltsverzeichnis ist vollständig.
				Der Hefter ist sinnvoll gegliedert.
				Alle Arbeitsblätter sind vorhanden.
				Die Arbeitsblätter sind vollständig ausgefüllt.
				Deine Schrift ist ordentlich.
				Wo notwendig, hast du Lineal oder andere Hilfsmittel verwendet.
				Die Skizzen sind mit Bleistift erstellt, sie sind deutlich und sauber.
				Die Aufgaben wurden fachlich richtig bearbeitet.
				Du hast auf korrekte Rechtschreibung geachtet.
				Du hast zusätzliche Informationen und eigene Texte hinzugefügt.
				Du hast auf den Seiten einen Rand für Korrekturen und Ergänzungen gelassen.
				Du hast passende Überschriften und Zwischenüberschriften gefunden.
				Du hast Bilder, Fotos oder Zeichnungen zum Thema hinzugefügt.

Das solltest du von jetzt an besonders beachten:

_____

_____

_____

_____

_____

Datum: _____ Unterschrift des Fachlehrers: _____

In der Gruppe arbeiten: der Arbeitsablauf

Bevor ihr mit der Gruppenarbeit beginnt, solltet ihr euch den Ablauf der gesamten Gruppenarbeitsphase noch einmal vergegenwärtigen.

Aufgaben

1. Hier kannst du den Ablauf der Gruppenarbeit in sechs Schritten nachvollziehen.
   Bringe die folgenden Überschriften in eine sinnvolle Reihenfolge. Schreibe auf die Linien.

   > Wir werten die Gruppenarbeit aus   Wir bearbeiten den Stoff/das Thema   Wir planen unsere Arbeit
   > Wir vereinbaren Gruppenregeln   Wir bereiten die Präsentation vor   Wir richten Gruppentische ein

   1. _____
      - Bei dieser Arbeit sind wir leise und schnell.

   2. _____
      - Wir beginnen zügig und legen unser Arbeitsmaterial zurecht.
      - Wir lesen die Materialien gemeinsam und klären Unverstandenes.
      - Wir verteilen alle Aufgaben und erstellen einen genauen Zeitplan.

   3. _____
      - Jedes Gruppenmitglied übernimmt Aufgaben, niemand wird ausgeschlossen.
      - Niemand fällt dem anderen ins Wort oder beleidigt ihn.

   4. _____
      - Wir beschäftigen uns intensiv mit den Materialien.
      - Wir verständigen uns, welche Informationen wichtig sind.
      - Wir ordnen Arbeitsergebnisse gemeinsam.
      - Wir formulieren, was andere über unser Thema wissen sollten.

   5. _____
      - Wir legen fest, wie wir unsere Ergebnisse vorstellen wollen.
      - Wir bemühen uns um Anschaulichkeit.

   6. _____
      - Wir schätzen unsere eigene Arbeit ein.
      - Wir bewerten den Lernerfolg der Gruppenarbeit.

2. Gestaltet zum Arbeitsablauf bei der Gruppenarbeit gemeinsam ein Lernplakat
   (siehe die Seiten 64 bis 67). Hängt das Plakat in eurem Klassenraum auf.

In der Gruppe arbeiten: die Rollenverteilung

Bei der Gruppenarbeit im Unterricht, zum Beispiel im Rahmen von Projektarbeiten, sollten die Rollen klar verteilt sein. Jedes Gruppenmitglied sollte wissen, was es zu tun hat. Dabei können zum Beispiel Rollenkarten, die ihr in der Lerngruppe verteilt, ein gute Hilfe sein.

Aufgabe

1. Ergänze die Rollenkarten. Gehe so vor:
   - Lies die Rollenkarten auf den Seiten 13 und 14 durch und schneide sie aus.
   - Schneide die Bilder und Überschriften aus und klebe sie auf die passenden Rollenkarten.

Der Schriftführer

Der Teamsprecher

Der Materialverantwortliche

Der Spion

Der Zeitwächter

Der Lautstärkenwächter

- Du leitest die Gruppe und vertrittst sie in allen Angelegenheiten nach außen. Dazu gehören auch Fragen an den Lehrer oder Probleme mit anderen Teams.
- Du kontrollierst die gleichmäßige Verteilung der Aufgaben in deiner Gruppe.
- Du achtest auf eine möglichst vollständige Aufgabenlösung.
- Du versuchst, bei Streitigkeiten innerhalb der Gruppe zu vermitteln und Diskussionen in einem freundlichen Ton zu leiten.

- Du achtest darauf, dass die Aufgaben in der vorgegebenen Zeit gelöst werden.
- Du kannst deinen Mitschülern konkrete Hinweise zur verbleibenden Arbeitszeit geben, zum Beispiel: „Ihr habt noch 3 Minuten …"
- Wenn ein Mitschüler im Team fehlt, dann vertrittst du ihn.

Fortsetzung auf Seite 14

Fortsetzung von Seite 13

In der Gruppe arbeiten: die Rollenverteilung

- Du bist verantwortlich dafür, dass das notwendige Arbeitsmaterial bereitgestellt und auch wieder weggeräumt wird.
- Du achtest auf den sorgsamen Umgang mit den bereitgestellten Materialien.
- Du achtest darauf, dass alle Teammitglieder vollständige Arbeitsmaterialien besitzen und mitbringen.
- Du kontrollierst, ob alle Teammitglieder ihre Hausaufgaben erledigen.
- Du kümmerst dich um das „Nachholen" der Aufgaben, die Teammitglieder, zum Beispiel durch Krankheit, versäumt haben.

- Du bist der wichtigste Informant deines Teams.
- Du wirst zum Beispiel dann gebraucht, wenn es Schwierigkeiten in deinem Team gibt. Dann darfst du beim Lehrer oder bei anderen Gruppen nach weiterführenden Ideen Ausschau halten.
- Du darfst dir jedoch keine Notizen machen, sondern sollst dir die Idee einprägen und sie deinen Teammitgliedern erläutern.

- Du führst das Lerntagebuch deiner Gruppe.
- Du bist dafür verantwortlich, die Gruppenregeln am Beginn der Gruppenarbeitsphase sorgfältig aufzuschreiben und von allen Teammitgliedern unterschreiben zu lassen.
- Du kümmerst dich um die schriftliche Präsentation der Gruppenarbeit. Hierbei musst du natürlich Teilaufgaben an andere Gruppenmitglieder verteilen.

- Du sorgst für Disziplin und konzentriertes Arbeiten.
- Du achtest auf die Lautstärke, damit andere Gruppen nicht gestört werden.
- Wenn es zu laut wird, solltest du Hinweise an die Gruppe oder die Nachbargruppen geben.
- Du beobachtest, wie die Gruppenmitglieder miteinander arbeiten, machst dir Notizen und gibst deiner Gruppe ein regelmäßiges Feedback.

Aufgabe

2. Überlegt gemeinsam, welche Aufgaben in der Lerngruppe noch zu erfüllen sind. Gestaltet dafür weitere Rollenkarten.

In der Gruppe arbeiten: die Regeln

Aufgaben

1. Besprecht in der Gruppe, welche Regeln für die Gruppenarbeit wichtig sind. Notiert Stichwörter.

2. Legt jetzt gemeinsam vier Gruppenregeln fest, die von allen Gruppenmitgliedern eingehalten werden müssen. Schreibt die Regeln in der Wir-Form auf und unterschreibt mit euren Namen.
Tipp: Lasst die Zeilen für Regel 5 und 6 zunächst frei.

Gruppenregeln

Wir wollen uns an diese Regeln halten:

1. Regel: _____

2. Regel: _____

3. Regel: _____

4. Regel: _____

5. Regel: _____

6. Regel: _____

Unterschriften der Gruppenmitglieder:

_____

_____

3. Lest die Gruppenregeln im Lösungsteil nach. Habt ihr etwas Wichtiges vergessen? Wenn ja, dann ergänzt in Aufgabe 2 eine fünfte oder auch sechste Regel.

In der Gruppe arbeiten: die Arbeit bewerten

Aufgaben

1. Hier kannst du deine eigene Arbeit und die deiner Gruppenmitglieder einschätzen.
   Du kannst zu jeder Frage maximal 5 Punkte vergeben. Wichtig dabei ist, dass du fair bist.

FRAGEN	Teammitglieder mit Anfangsbuchstaben:				
	1	2	3	4	Ich
Wie viel Arbeitseinsatz zeigte das Gruppenmitglied? (maximal 5 Punkte)					
Wie viele gute Ideen brachte das Gruppenmitglied ein? (maximal 5 Punkte)					
Wie gut konnte das Gruppenmitglied Ideen und Vorschläge anderer akzeptieren? (maximal 5 Punkte)					
Wie zuverlässig erledigte das Gruppenmitglied die ihm übertragenen Arbeitsaufträge? (maximal 5 Punkte)					
Wie gut erledigte das Gruppenmitglied die ihm übertragenen Aufträge? (maximal 5 Punkte)					
Gesamtpunktzahl der Teammitglieder					

2. Besprecht eure Einschätzungen aus Aufgabe 1 gemeinsam.
   Achtet auf einen freundlichen Umgangston und akzeptiert die Argumente der anderen.

3. Wertet die Gruppenarbeit mit Hilfe der Zielscheibe gemeinsam aus. Geht so vor:
   - Lest die Bewertungskriterien und einigt euch auf eine gemeinsame Einschätzung.
   - Zeichnet Smileys auf die Zielscheibe. Das beste Ergebnis ist in der Mitte.

   Tipp: Um euer Ergebnis in der Klasse vorzustellen, könnt ihr die Zielscheibe vergrößern.

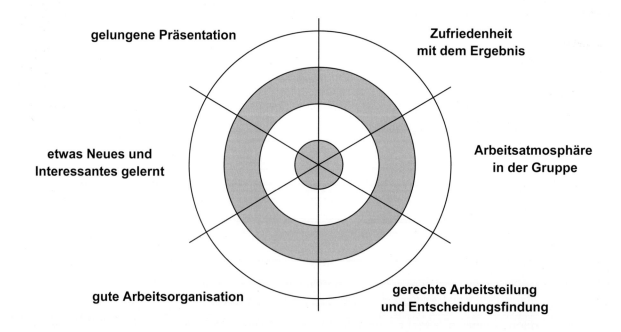

Vier Ideen für die Gruppenarbeit

Aufgabe

1. Bearbeitet ein Thema eurer Wahl. Geht so vor:
   - Verteilt die Rollen in der Gruppe gerecht.
   - Legt gemeinsam Gruppenregeln fest, an die sich alle halten sollen.
   - Sichtet das zur Verfügung stehende Material. Fragt nach, wenn ihr weitere Materialien benötigt. Behandelt die Materialien sorgfältig.
   - Erstellt einen Zeitplan für eure Gruppenarbeit und haltet euch daran.
   - Legt die einzelnen Arbeitsaufgaben fest und verteilt sie an alle Gruppenmitglieder.
   - Präsentiert euer Ergebnis den anderen Arbeitsgruppen.
   - Bewertet eure Gruppenarbeit kritisch.

Thema I: Das Mittelalter
Aufgabe: Gestaltet ein Brettspiel für 3–4 Personen zum Thema „Mittelalter".
Geht so vor:
- Gestaltet ein Spielfeld mit Ereignisfeldern.
- Formuliert Spielregeln und eine Spielbeschreibung.
- Fertigt Aufgabenkarten für die Ereignisfelder (mit Belohnungen) an.

Tipp: Die Aufgaben können aus den Bereichen Deutsch und Geschichte stammen.

Thema II: Piraten und Seefahrer
Aufgabe: Gestaltet ein Lernspiel für 2–3 Personen zum Thema „Piraten und Seefahrer".
Ihr könnt ein Memory oder ein Domino erstellen.
Tipp: Besorgt euch die nötigen Informationen aus geeigneten Sachbüchern.

Thema III: Griechische Antike
Aufgabe: Gestaltet eine Wandzeitung, die ihr in der Klasse präsentiert.
Geht so vor:
- Tragt Grundwissen zur griechischen Antike zusammen.
- Stellt fünf bedeutende Ereignisse der Zeit dar.
- Stellt zwei Persönlichkeiten der Epoche vor.
- Sammelt passendes Bildmaterial.
- Stellt eure Wandzeitung in mehreren Kurzvorträgen vor.

Thema IV: Ägypten
Aufgabe: Gestaltet einen Zeitstrahl, den ihr euren Mitschülern präsentiert.
Geht so vor:
Wählt aus geeigneten Materialien grundlegende Informationen aus, sodass eure Mitschüler das Wichtigste zu Pharaonen, Pyramiden, ägyptischen Göttern und zum Nil erfahren.

Mit Lernkarteien lernen

Mit Lernkarteien kannst du dir Vokabeln, Begriffe, Fakten, Daten, Formeln, Definitionen, Merksätze oder Regeln aus vielen Unterrichtsfächern dauerhaft einprägen.

So kannst du Lernkarteien zum Beispiel nutzen:

a) **im Fremdsprachenunterricht:**
  - Vokabeln auf der Vorderseite der Kärtchen notieren
  - zur Kontrolle auf der Rückseite die Übersetzung und ein Anwendungsbeispiel in einem Satz schreiben
  - sicher gelernte Vokabeln in der Kartei nach hinten stecken

b) **im Deutschunterricht:**
  - Karteikasten in verschiedene Bereiche unterteilen, zum Beispiel: Rechtschreibung, Sprache/Grammatik, Literatur, Sachtexte, Kommunikation, Arbeitstechniken usw.
  - Oberbegriffe, wie zum Beispiel „Nomen", „Märchen", „Stichwortzettel", oder auch schwierige Wörter mit einem Anwendungsbeispiel auf der Vorderseite notieren
  - auf der Rückseite Begriffsbestimmungen, Definitionen, Wortfelder, Biografien, Textsortenmerkmale, Rechtschreibtipps usw.
  - Karteikarten in den einzelnen Abteilungen alphabetisch nach Oberbegriffen sortieren, zum Beispiel: Anekdote, Ballade, Fabel, Märchen, Sage

```
dass (Vorderseite)
Er sagt, dass
er Hausaufgaben
machen muss.
```

```
Regel: (Rückseite)
dass: Konjunktion
das: Artikel
Man schreibt „dass", wenn
man nicht „dieses", „jenes"
oder „welches" dafür
einsetzen kann.
```

Aufgabe

1. Stelle einen eigenen Lernkarteikasten für den Deutschunterricht her. Gehe so vor:
   - Suche einen passenden Karton, zum Beispiel einen Schuhkarton.
     Tipp: Ein Karton, dessen vordere Fläche etwa DIN-A6-Format hat, ist geeignet.
   - Trenne die einzelnen Bereiche (Rechtschreibung, Grammatik, Literatur usw.) mit Hilfe von festem Karton.
   - Beschrifte die Trennkartons.
   - Sortiere die Karteikarten alphabetisch.

Fortsetzung von Seite 18

Mit Lernkarteien lernen

Aufgabe

2. Auf der linken Seite siehst du drei Beispiele für Lernkarten. Gestalte auf der rechten Seite selbstständig drei weitere Lernkarten zu den Bereichen Literatur, Sprache und Arbeitstechnik.

Textsorte: Märchen

- beginnen oft mit „Es war einmal …"
- fantastische Handlung
- sprechende Tiere
- Hexen, Zauberer u. a. erfüllen Wünsche, bestrafen
- über Jahrhunderte weitererzählt, verändert
- das Gute siegt zum Schluss
- Zahlen mit Bedeutung: drei, sieben, zwölf
- Sprüche, Formeln
- Volksmärchen: z. B. von den Gebrüdern Grimm; im 19. Jahrhundert gesammelt und veröffentlicht
- Kunstmärchen: von Dichtern ausgedacht, z. B. Wilhelm Hauff, Hans Christian Andersen

Textsorte: _____

Sprache: Pronomen (Fürwörter)

- deklinierbar
- Stellvertreter oder Begleiter von Nomen

Wir unterscheiden:

Personalpronomen	persönliches Fürwort	ich, du, er, wir …
Possessivpronomen	besitzanzeigendes Fürwort	mein, dein, unser …
Demonstrativpronomen	hinweisendes Fürwort	dieser, jener …
Relativpronomen	bezügliches Fürwort	der, die, das welche (r, s)
Anredepronomen	in Briefen verwendet	Ihnen, Sie, Ihre

Sprache: _____

Arbeitstechnik: Stichwortzettel

- festes Papier oder Karteikarte im DIN-A5-Format
- nur einseitig beschreiben und nummerieren
- keine vollständigen Sätze
- große Schrift (aus 1 Meter Entfernung lesbar)
- deutliche Schrift
- Abstände zwischen den Zeilen
- auf richtige Reihenfolge achten
- Wichtiges markieren

Arbeitstechnik: _____

Einen Sachtext lesen: Schritt für Schritt

Wenn du einen Sachtext verstehen und seine Informationen behalten willst, solltest du ihn in mehreren Schritten bearbeiten. Eine Methode, die sich bewährt hat, ist das Lesen in fünf Schritten:

1. Schritt

Sich einen Überblick verschaffen

In diesem Schritt geht es darum, einen ersten Eindruck vom Inhalt des Textes zu gewinnen. Dafür musst du den Text nicht gründlich lesen, sondern nur überfliegen.
- Lies die Überschrift und die Zwischenüberschriften.
- Betrachte Bilder, Grafiken, Tabellen.
- Achte auf die Anfänge von Textabschnitten und auf Hervorhebungen.

2. Schritt

Fragen an den Text stellen

Nachdem du in Schritt 1 einen groben Eindruck vom Inhalt des Textes gewonnen hast, kannst du dir in diesem Schritt darüber klar werden, was du genau von diesem Text erfahren willst. Dazu kannst du dir die folgenden Fragen stellen:
- Was weißt du bereits über das Thema?
- Welche Antworten oder Erkenntnisse erwartest du von dem Text?
- Gibt es eine bestimmt Aufgabenstellung zum Text? Wenn ja, überlege, welche Informationen dir bei der Bearbeitung der Aufgabe helfen können.

Tipp: Schreibe die Fragen, die du an den Text stellst, auf.

3. Schritt

Den Text gründlich lesen

Im dritten Schritt liest du den Text sorgfältig und aktiv, d. h. mit dem Stift in der Hand. Die Fragen, die du in Schritt 2 formuliert hast, helfen dir nun, auf bestimmte Informationen zu achten.
- Kläre Wörter, die du nicht verstehst, mit Hilfe des Wörterbuchs.
- Markiere in jedem Textabschnitt die Schlüsselwörter.
- Mache Zeichen und Notizen am Textrand: Ausrufezeichen, Stichwörter usw.

4. Schritt

Sinnabschnitte zusammenfassen
- Kläre für jeden Sinnabschnitt, worum es geht.
- Fasse die wichtigsten Informationen der Sinnabschitte mit eigenen Worten zusammen. Dabei helfen dir deine Markierungen aus Schritt 3.
- Fasse auch den Inhalt von Grafiken und Diagrammen kurz zusammen.
- Überlege, welche Funktion Grafiken und Bilder haben.

5. Schritt

Den Inhalt erfassen

In diesem letzten Schritt geht es darum, den Inhalt des gesamten Textes zu erfassen.
- Überlege, welche Informationen und Einsichten dir der Text vermittelt hat.
- Welche deiner Fragen aus Schritt 2 konnte er beantworten?
- Überlege, in welchem Zusammenhang die einzelnen Sinnabschnitte (Schritt 4) zueinander stehen. Was tragen sie zur Gesamtaussage des Textes bei?
- Veranschauliche den Inhalt des Textes mit einer Mindmap.
- Gib den Inhalt des Textes kurz wieder.

Einen Sachtext lesen: Schritt für Schritt

Aufgabe

1. Überfliege den Text. Achte auf Überschriften und Bilder.

Der Walfang

Der Wal – ein Geschenk Gottes?
Schon vor Jahrtausenden strandeten immer wieder sterbende Wale. Die an der Küste lebenden Menschen sahen in der riesigen Menge Fett und Fleisch, die plötzlich vor ihnen lag, vermutlich ein Geschenk des Meeresgottes: Sie aßen das Fleisch, nutzten den Tran als Brennstoff und die Knochen als Baumaterial.

Der Walfang beginnt
Später wagten besonders Mutige, Wale in Küstennähe zu jagen. Die ersten Walfänger waren vielleicht die Wikinger. Mit Sicherheit harpunierten die Basken in der Bucht von Biskaya schon im 12. Jahrhundert professionell den Glattwal. Das Wort „Harpune" für einen mit Widerhaken versehenen Speer leitet sich vom baskischen Wort „arpoi" ab, das „schnell fangen" bedeutet.
Bald wurden die „Küstenwale" selten und die Basken dehnten ihre Fanggründe immer mehr aus: Sie verbesserten ihre Fanggeräte, bauten seetüchtige Schiffe und erreichten damit schon 1372 Neufundland, waren also lange vor Kolumbus auf dem amerikanischen Kontinent.
Andere Nationen wie England, Frankreich, Spanien und schließlich Holland beteiligten sich bald am großen Kesseltreiben auf die Riesen des Meeres und verfolgten sie bis in die Arktis.

Gute und gefährliche Geschäfte
Der Walfang war ein gutes Geschäft. Manch ein Reeder wurde daran reich. Doch es war auch recht gefährlich, nicht nur für die Wale: Die Schiffe sanken im Sturm, zerschellten an den Eisbergen oder froren im Treibeis fest, wenn der Winter unvermutet früh hereinbrach. Viele Walfänger kamen im Eismeer ums Leben. Nach wenigen Jahrzehnten waren trotz der vergleichsweise primitiven Fangtechniken die Walbestände auch vor den arktischen Küsten verschwunden.
Als Grönlandwal und Nordkaper selten geworden waren, jagten amerikanische, britische und holländische Walfänger mit Beginn des 18. Jahrhunderts auch den Pottwal in den wärmeren Weltmeeren. Die Blütezeit des Pottwalfangs lag zwischen 1820 und 1850. Dann waren auch dessen Bestände stark verringert, vor allem aber erwuchs dem Lampentran und den Kerzen aus Walfett ein billiger Konkurrent – das Erdöl. Die Waljagd kam weitgehend zum Erliegen. Doch nur kurze Zeit konnten sich die Wale einigermaßen sicher fühlen.

Auch heute noch werden Wale brutal gejagt

Heute gibt es nirgends mehr ein Versteck für die Wale. Längst werden sie nicht mehr von einem Späher im Mastkorb mit dem alten Ruf „Wal! Da bläst er!" geortet. Beobachtungshubschrauber und modernste Radar- und Echolotverfahren lassen ihnen keine Chance. Leider werden die sanften Riesen auch heute noch verfolgt und getötet, obwohl Wale als Rohstofflieferanten längst überflüssig geworden sind. Immer noch weigern sich Länder wie Japan und Norwegen, das kommerzielle Walfangverbot anzuerkennen. Viele Walarten, Narwale und einige Delphinarten, fallen nicht unter das offizielle Walfangverbot und werden zu Tausenden abgeschlachtet. Japanische Fischer töten zum Beispiel jedes Jahr Hunderte von Delphinen als angebliche Fischräuber.

Ein Artenschutzabkommen

Seit der Walfang zu kommerziellen Zwecken verboten ist, werden Wale auch unter dem Deckmantel „für die Wissenschaft" erlegt. Die meisten Wissenschaftler sehen darin aber keinen Sinn. Sie würden lieber lebende Wale beobachten. Trotz vieler Warnungen dachte man viel zu spät daran, dass es angesichts der sehr hohen Fangraten bald keine Wale mehr geben würde. 1946 wurde die „Internationale Walfang Kommission (IWC)" ins Leben gerufen. Über 180 Staaten in aller Welt, darunter auch Deutschland, haben zudem das „Washingtoner Artenschutzübereinkommen (WA)" unterzeichnet. Gemäß diesem Übereinkommen ist es seit 1981 verboten, Produkte von Walen ein- oder auszuführen.

Aufgaben

2. Notiere in einem Satz, worum es in dem Text geht.

3. Was weißt du bereits über das Thema „Walfang"? Notiere Stichworte.

4. Schreibe auf, was du von diesem Text erwartest.

5. Formuliere drei Fragen an den Text.

Fortsetzung von Seite 22   **Einen Sachtext lesen: Schritt für Schritt**

Aufgaben

6. Lies den Text gründlich und aktiv.
   a) Erkläre die folgenden Wörter mit Hilfe des Wörterbuchs oder aus dem Textzusammenhang.

   kommerziell: _____

   Reeder: _____

   Rohstofflieferant: _____

   Kesseltreiben: _____

   b) Markiere in jedem Textabschnitt die Schlüsselwörter
      (das sind die besonders wichtigen Wörter).
      Tipp: Markiere nicht zu viel!

   c) Nutze den Textrand. Schreibe Stichwörter heraus, zum Beispiel die Schlüsselwörter,
      notiere Fragezeichen und Ausrufezeichen.

7. Fasse jeden Sinnabschnitt in ein oder zwei Sätzen zusammen. Arbeite in deinem Heft.
   Tipp: Deine Markierungen aus Aufgabe 6 können dir dabei helfen.

8. Beschreibe in wenigen Worten, was das Bild im Text darstellt.

   _____

   _____

9. Was wird durch das Bild erreicht? Kreuze an.
   ❏ Man erhält eine besser Vorstellung, zum Beispiel von den Gefahren des Walfangs.
   ❏ Gar nichts!
   ❏ Die Seite sieht schöner aus.
   ❏ Das Bild liefert eine zusätzliche Erklärung.

10. Hat der Text deine drei Fragen aus Aufgabe 5 beantwortet? Wenn ja, notiere die Antworten
    jeweils in einem Satz.

    _____

    _____

    _____

11. Gib den Inhalt des ganzen Textes mit eigenen Worten wieder. Schreibe in dein Heft.

Inhalte eines Sachtextes veranschaulichen

*Mit einer Mindmap kannst du die Inhalte eines Sachtextes veranschaulichen.
Dem Erstellen einer Mindmap muss die gründliche Lektüre des Textes vorausgehen.*

Aufgaben

1. Lies den Text auf den Seiten 24 bis 26 gründlich und aktiv.
   a) Kläre unbekannte Wörter mit Hilfe des Wörterbuchs.

   b) Markiere in jedem Textabschnitt die Schlüsselwörter.
   Tipp: Markiere nicht zu viel!

   c) Nutze den Textrand. Schreibe Stichwörter heraus, notiere Fragezeichen und Ausrufezeichen.

2. Fasse jeden Sinnabschnitt kurz zusammen. Arbeite in deinem Heft.
   Tipp: Deine Markierungen aus Aufgabe 1 können dir dabei helfen.

Die sieben Weltwunder

Die Cheops-Pyramide

Die Cheops-Pyramide bei Giseh (Ägypten), so genannt nach ihrem Erbauer, dem ägyptischen König Cheops (etwa 2551 bis 2528 v. Chr.), ist das älteste und dennoch das einzige einigermaßen erhaltene Weltwunder. Wegen ihrer Größe wird sie auch die „Große Pyramide" ge-
5 nannt und in der Weltwunder-Liste als erste aufgeführt. Die Cheops-Pyramide ist – mit Ausnahme der Chinesischen Mauer – das größte je von Menschen errichtete Bauwerk. Sie ist 146,6 Meter hoch, so hoch also etwa wie ein 50-stöckiger Wolkenkratzer, auf ihrer Grundfläche von 230 x 230 Meter hätten die fünf größten Kirchen der Welt gleich-
10 zeitig Platz. Und aus der Gesteinsmenge der Cheops-Pyramide könnte man alle Kirchen bauen, die in unserem Jahrtausend in Deutschland errichtet worden sind.

Die Hängenden Gärten der Semiramis

Im Jahr 1898 begann der deutsche Archäologe Robert Koldewey, etwa 90 km südlich von Bagdad im heutigen Irak an den Ufern des Euphrat
15 nach den Überresten der versunkenen Stadt Babylon zu suchen. Babylon, das „Babel" des Alten Testaments, war in seiner über 3000-jährigen Geschichte dreimal bis auf die Grundmauern zerstört und immer wieder aufgebaut worden. Die Hängenden Gärten waren wahrscheinlich ein Geschenk Nebukadnezars an seine Frau, eine persische Prinzessin,
20 von der man nicht weiß, ob sie tatsächlich nach der sagenhaften assyrischen Königin Semiramis geheißen hat. Jede der wahrscheinlich sieben Terrassen bildete einen Garten für sich, daher auch die Bezeichnung im Plural „Hängende Gärten". Und dennoch bildeten die sieben Anlagen ein Ganzes: Am äußeren Rand jeder Terrasse wuchsen Tausende von
25 Kletter- und Hängepflanzen, die sich zum nächsttieferen Garten herunterrankten und so aus sieben Einzelgärten eine einzige Anlage machten, einen großen grünen, steil ansteigenden Berg mit zahllosen Bäumen, Hecken, Büschen und Blumen, die aussahen, als hingen oder schwebten sie – daher die Bezeichnung „Hängende" Gärten.

Fortsetzung auf Seite 25

Fortsetzung von Seite 24

Inhalte eines Sachtextes veranschaulichen

Die Zeus-Statue in Olympia

30 Etwa um 470 v. Chr. erging in ganz Griechenland ein Spendenaufruf an Arm und Reich: Es galt, dem Zeus in Olympia einen Tempel zu bauen, größer und prächtiger als irgendwo sonst in Griechenland. Und die Spenden kamen: Geld, Kunstschätze, Waffen und Schmuck – alles, was nur irgendwie dazu dienen konnte, dem Zeus ein Haus von
35 nie gesehener Pracht zu bauen. Der Tempel wurde 457 v. Chr. fertig und eingeweiht. Er erhob sich auf einem künstlichen, einen Meter hohen Hügel; der Unterbau, der fast unversehrt erhalten blieb, misst 64 x 27 Meter. Auf ihm standen insgesamt 34 je 10,53 Meter hohe Säulen, die das schwere Dach aus Marmorplatten trugen.
40 Griechenlands Götter waren rachsüchtig und eitel wie die Menschen, sie waren heimtückisch und grausam. Wie anders dagegen wirkte der Zeus aus Olympia: Da saß ein alter, weiser Mann mit gütigen Gesichtszügen, ein Gott, der nicht Furcht einflößte, sondern Vertrauen, ein energischer, aber liebevoller Vater – ein Gott also, wie ihn erst 450
45 Jahre später das Christentum anbeten sollte.

Der Tempel der Artemis

In einer heißen Sommernacht des Jahres 356 v. Chr. schlich ein Mann lautlos durch die Straßen der Stadt Ephesos in der heutigen Türkei. Scheu um sich blickend und alle Hauptstraßen meidend, erreichte er schließlich einen großen weißen Tempel, der sich am Rande der Stadt
50 erhob. Mit einer Fackel setze er einige hölzerne Kultgegenstände und Weihgaben in Brand. Binnen Kurzem war das Heiligtum nur noch eine rauchende Ruine.
Und der Tempel, den er in Schutt und Asche gelegt hatte, war „die schönste, größte und vornehmste Weihestätte des Erdkreises", damals
55 bereits über 1000 Jahre alt, 51 Meter breit und 105 Meter lang, die 127 Marmorsäulen waren je 18 Meter hoch, also etwa so hoch wie ein sechsstöckiges Haus. Unter zersplitterten Säulen und unter zu Kalk verbrannten Marmorstatuen fanden die Epheser die Statue der Artemis, nahezu unversehrt. Das ist ein Wunder, sagten sie und betrachte-
60 ten den Fund als göttlichen Auftrag, den gleichen Tempel noch einmal zu bauen, nur noch größer, noch schöner und noch prächtiger. Das Artemision blieb Mittelpunkt religiösen, geistigen und wirtschaftlichen Lebens, bis es im Jahr 262 von durchziehenden Goten geplündert und teilweise zerstört wurde.

Das Grabmal des Mausolos

65 Die vorherrschende Richtung in der griechischen Architektur war die Waagerechte, das Grabmal des Mausolos, gestorben 352 v. Chr., ragte in die Höhe. Mausolos' Grabmal war also eine Mischung aus griechischer, ägyptischer und persischer Bauweise.
Dass das erste Mausoleum der Welt zum fünften Weltwunder wurde,
70 hat jedoch nicht allein mit der ungewöhnlichen Bauweise zu tun. An den Friesen und Reliefs des Grabmals schufen hervorragende Bildhauer einmalige Kunstwerke, die die Welt in Staunen versetzten. Da gab es Darstellungen von Wagenrennen und Amazonenkämpfen, da sah man Götter und andere mythologische Gestalten – die marmornen
75 Figuren waren ein Spiegelbild der Antike.

Fortsetzung auf Seite 26

Der Koloss von Rhodos

Es war das Jahr 305 v. Chr. und Demetrios, König von Phrygien und Lykien, versuchte, bevor er Alexandria angreifen
80 konnte, erst einmal Rhodos in seine Gewalt zu bringen. Als die Rhoder sahen, wie das Ungetüm (ein riesiger Belagerungsturm) näher und näher an
85 die Stadtmauer heranrollte, fielen sie auf die Knie und beteten zu Helios, dem Gott und Beschützer ihrer Stadt. Sie schworen, ihm ein Standbild zu
90 errichten, wenn er ihnen aus ihrer Not helfen würde.

Die Rhoder beeilten sich, ihrem Versprechen die Tat folgen zu lassen. Die Arbeit begann im Jahr 302 v. Chr. Insgesamt sollen dabei über 12 Tonnen Bronze verarbeitet worden sein. Um die Statue standfest zu
95 machen, wurde sie bis zum Kopf mit kleinen und großen Felsbrocken gefüllt. Jeder Finger des Helios war länger als ein erwachsener Mann und so dick, dass man ihn nicht mit beiden Armen umspannen konnte. Wahrscheinlich stand er nackt auf einem Sockel, er hatte die Rechte entweder sinnend an die Stirn gelegt oder hielt mit ihr eine Fackel
100 hoch. Sicher ist nur, dass sein Gesicht und die das Haupt umkränzende Helioskrone mit sieben Strahlen vergoldet waren.

Die Statue stand nur 66 Jahre. Bei einem Erdbeben im Jahr 224 v. Chr. brach Helios an den Knien ab und stürzte um. Weil ein Orakel besagte, Rhodos würde in tiefes Unglück stürzen, wenn die Statue wieder
105 aufgerichtet würde, blieb sie fast 900 Jahre lang genau so liegen, wie sie gefallen war.

Der Leuchtturm von Alexandria

Das siebente Weltwunder, der Leuchtturm von Alexandria, ist eigentlich das achte. Bevor es gebaut wurde, galten die Mauern von Babylon als das zweite Wunder. Der 130 Meter hohe Leuchtturm an der Nil-
110 mündung schien der Antike jedoch ein so herausragendes technisches Meisterwerk, dass man den Turm als letztes und jüngstes Weltwunder hinzufügte. Er ist bis zum heutigen Tag der höchste je gebaute Leuchtturm geblieben. Es war ein gewaltiges Bauwerk: Auf einer Grundfläche von 30 x 30 Meter erhob sich ein 71 Meter hohes Rechteck, das
115 sich nach oben leicht verjüngte. Auf der oberen Plattform stand der zweite Teil des Turms, ein achteckiger Bau von 34 Meter Höhe, darauf wiederum ein Rundbau, in dem sich die Leuchtanlage befand. Darüber ruhte auf Säulen ein kegelförmiges Dach, als Abschluss blickte eine Statue des Zeus aus 130 Meter Höhe auf das Meer hinaus.
120 Es war das erste Leuchtfeuer der Schifffahrtsgeschichte; der Turm von Alexandria war also in des Namens eigentlicher Bedeutung der erste „Leuchtturm" überhaupt.

Fortsetzung von Seite 26 **Inhalte eines Sachtextes veranschaulichen**

Aufgaben

3. Fülle die folgende Mindmap zu dem Text „Die sieben Weltwunder" aus.
   Tipp: Schreibe zuerst das Thema in den Mittelpunkt, dann Oberbegriffe an die breiten Äste und schließlich untergeordnete Informationen an die dünnen Zweige.

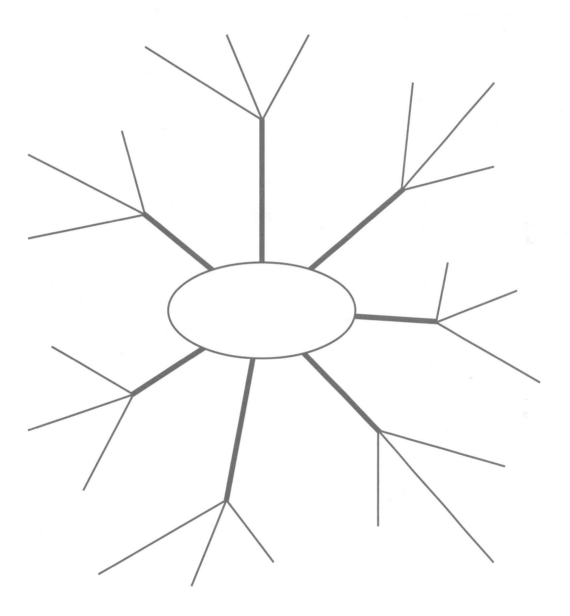

4. Kreuze an, für welche Form der inhaltlichen Wiedergabe sich eine Mindmap besonders eignet.

   ❏ Für die Darstellung von Zusammenhängen mit Berücksichtigung von Über- und Unterordnung.
   ❏ Für die Wiedergabe einer logischen oder chronologischen Abfolge.
   ❏ Für die Darstellung von Zusammenhängen ohne Berücksichtigung von Über- und Unterordnung.

5. Lege in deinem Heft eine Mindmap zu dem Text „Der Walfang" auf den Seiten 21 und 22 an.
   Lies den Text dafür zuerst gründlich und aktiv.

Im Wörterbuch nachschlagen

Wörterbücher dienen nicht nur zur Kontrolle der Rechtschreibung, sie helfen dir auch dabei, die Bedeutung unbekannter Wörter zu klären.
Auf den folgenden Seiten kannst du den Umgang mit dem Wörterbuch trainieren.

Aufgaben

1. Wie benutzt man ein Wörterbuch richtig? Setze die folgenden Wörter an den richtigen Stellen in den Lückentext ein. Du erhältst so fünf wichtige Regeln für den Umgang mit dem Wörterbuch.

> Alphabet • Ende • erste • Infinitiv • letzte • Nominativ • Wörter • dritten • Suche

Nachschlagen im Wörterbuch

- Im Wörterbuch sind alle Wörter nach dem _____ geordnet.

- _____ mit gleichem Anfangsbuchstaben ordnet man nach dem zweiten Buchstaben des Wortes. Wörter mit zwei gleichen Anfangsbuchstaben ordnet man nach dem _____ Buchstaben des Wortes usw.

- Die Umlaute ä, ö, ü findest du nicht am _____ des Alphabets, sondern unter a, o, u.

- Leitwörter geben jeweils das _____ und das _____ Wort der Wörterbuchseite an und erleichtern so die _____ nach einem bestimmten Wort.

- Verben stehen im Wörterbuch im _____.

  Nomen stehen im _____.

2. Welche Buchstaben fehlen in der Buchstabenreihe? Ergänze sie.

   A B C _ E F G H _ J K _ _ _ O P _ R S _ U V W _ _ Z

3. Ordne die Tiernamen alphabetisch. Schreibe auf die Linien.

Känguru	Otter	Wal	Pinguin	Zebra	Hyäne	Dachs
Yak	Affe	Gnu	Fledermaus	Eisbär	Jaguar	Marder
Falke	Storch	Igel	Chamäleon	Lama	Qualle	Braunbär
Ratte	Fasan	Nashorn	Fuchs	Vogelspinne	Tiger	Uhu

_____

_____

_____

_____

Fortsetzung auf Seite 29

Im Wörterbuch nachschlagen

Fortsetzung von Seite 28

Aufgaben

4. Welcher Anfangsbuchstabe fehlt hier? V oder W?
   Ergänze die Buchstaben und sortiere die Wörter alphabetisch.

   _ ampir, _ ade, _ ase, _ anilleeis, _ anze, _ egetarier, _ isent, _ olleyball, _ olken, _ ulkan

5. Welche Anfangsbuchstaben fehlen hier? Ph oder F?
   Ergänze die Buchstaben und sortiere die Wörter alphabetisch.

   _ antom, _ anklub, _ arao, _ orelle, _ ilosoph, _ amilie, _ ysik

6. Notiere die Regel, nach der du die Wörter in den Aufgaben 4 und 5 sortiert hast.
   Tipp: Aufgabe 1 kann dir helfen.

7. Suche zu den folgenden Wörtern passende Oberbegriffe und schreibe sie in die linke Spalte der Tabelle. Ordne den Oberbegriffen anschließend die Wörter in alphabetischer Reihenfolge zu.

Waldkerbel	Hameln	Kleist	Pinguin
Puma	Panther	Wiesenschaumkraut	Pelikan
Keller	Storm	Herne	Weidenröslein
Panzerechse	Weißdorn	Heilbronn	Heine
Hannover	Waldklee	Pfau	Fontane
Helmstedt	Pferd	Lessing	Halle
Waldvergissmeinnicht	Goethe	Wegerich	Hagen
Schiller	Wetterdistel	Hildesheim	Panda

Oberbegriffe	Wörter

Fortsetzung auf Seite 30

Fortsetzung von Seite 29

Im Wörterbuch nachschlagen

Aufgaben

8. Schreibe die passenden Wörter in die Lücken.
   Schlage die Wörter dann im Wörterbuch nach und notiere die beiden Leitwörter
   der jeweiligen Wörterbuchseite.

Küste	Mütze	Käfig	Ähren
Fön	Mähne	sägen	Wüste

                                                                     Leitwörter

Ein Pferd hat eine lange _____ .   _____

Der schwarze Panther sitzt in seinem _____ .   _____

In den Ferien verreist unsere Familie gern

an die _____ .   _____

Kamele dienen als Reittiere in der _____.   _____

Nach dem Schwimmen trocknen wir die Haare

mit einem _____ .   _____

Im Winter tragen viele Menschen eine _____ . _____

Der Bauer erntet im Herbst die _____ .   _____

Um die Katze zu befreien, musste er

ein Loch ins Holz _____ .   _____

9. Sortiere jeweils zwei der folgenden Verben zwischen die angegebenen Leitwörter.
   Suche anschließend selbst im Duden nach weiteren Beispielverben und lasse deine Mitschüler
   die Leitwörter zu diesen Verben finden.

streunen	füllen	freuen	trocknen	trinken
fühlen	holen	frieren	streicheln	hoffen

Leitwort	Verben	Leitwort
Streiche	_____	Stübchen
höchstpersönlich	_____	holterdiepolter
Frottee	_____	Funkwesen
Trikot	_____	Tropical
frenetisch	_____	Frostwetter

Fortsetzung auf Seite 31

Fortsetzung von Seite 30 **Im Wörterbuch nachschlagen**

Aufgaben

10. Die unterstrichenen Wörter im folgenden Text sind falsch geschrieben. Berichtige sie mit Hilfe des Wörterbuchs. Gehe so vor:
    - Bilde zu jedem Wort die Grundform: bei Verben den Infinitiv, bei Nomen den Nominativ Singular.
    - Notiere die Grundform und das korrigierte Wort in der Tabelle.

Till Eulenspiegel war ein Schalk, ein Schelm und ein <u>Nahr</u> –
ein lustiger, zu <u>Streischen</u> aufgelegter Bursche,
der <u>versuhte</u>, den Dummen, Habgierigen, Reichen
oder <u>Geitzigen</u> eine Lehre zu <u>erteihlen</u> und sie zu bessern.
Das einfache Volk liebte Till Eulenspiegel,
denn er war einer von ihnen.
Durch ganz Deutschland soll er <u>gehzogen</u> sein,
meist zu Fuß, und sogar bis Prag
und Rom lassen sich seine Eulenspiegeleien <u>verfollgen</u>.
Könnt ihr auf einer Karte die <u>Stazionen</u> seines Lebens nachvollziehen?

Grundform	korrigiertes Wort	Grundform	korrigiertes Wort

11. Im Wörterbuch findest du unter dem Stichwort „Planet" folgende Informationen:

Silbentrennung

Deklinationsmuster
(im Anhang des Wörterbuchs zu finden)

grammatisches Geschlecht

Betonung

Pla|n<u>e</u>t, der; -en, -en (↑ R 126)
⟨griech.⟩ (sich um eine Sonne
bewegender Himmelskörper;
Wandelstern)

Plural

Genitiv

Bedeutung

Herkunft

a) Ordne die Erklärungen mit Pfeilen dem Beispiel zu.

b) Suche im Wörterbuch ein weiteres Beispiel und erkläre deinen Mitschülern, welche Informationen der Wörterbucheintrag enthält.

Mit verschiedenen Nachschlagewerken arbeiten

Auf den Seiten 32 und 33 könnt ihr eure Sicherheit und Schnelligkeit im Umgang mit verschiedenen Nachschlagewerken überprüfen.

Aufgabe

1. Sucht um die Wette nach Informationen in verschiedenen Nachschlagewerken. Ihr braucht dazu:

   > ein Schülerwörterbuch • ein Literaturlexikon •
   > ein Lexikon • ein Wörterbuch • einen Atlas

   Stoppt die Zeit, die ihr für jede Aufgabe braucht, und tragt sie neben der Uhr ein. Vergleicht eure Ergebnisse anschließend in der Lerngruppe.

   a) **Lexikon/Jugendlexikon**
   Beantworte die folgenden Fragen in Stichworten.

   • Auf welchem Kontinent befindet sich Kanada? _____

   • Wie hoch ist die Einwohnerzahl Kanadas? _____

   • Welche Bevölkerungsgruppen unterscheidet man?
   _____

   • Welche Fläche in km² hat Kanada? _____

   • Wie wird Kanada regiert? _____

   • Nenne fünf Rohstoffe, die man in Kanada vorfindet.
   _____

   b) **Schülerhandbuch/Schülerwörterbuch**
   Beantworte die folgenden Fragen.

   • Wie heißen die beiden Gebrüder Grimm mit Vornamen?
   _____

   • Wann lebten die Brüder Grimm genau?
   _____   _____

   • Wie heißt ihr beliebtes Volksbuch?
   _____

   • An welche Universität wurden beide Brüder als Professoren berufen?
   _____

Fortsetzung auf Seite 33

Fortsetzung von Seite 32   **Mit verschiedenen Nachschlagewerken arbeiten**

Aufgabe

c) **Literaturlexikon**
Beantworte die folgenden Fragen in Stichworten.

- Was bedeutet der Begriff „Märchen" genau?

  _____

- Welche Gegensätze treten in Märchen häufig auf?

  _____

  _____

- Nenne vier Märchenfiguren.

  _____

- Welche Zahlen spielen häufig eine Rolle? _____

d) **Wörterbuch**

- Schlage die Wörter „Bibliothek", „Professor", „Symbol" und „Universität" nach.
  Schreibe sie richtig auf und notiere ihre Herkunftssprache und ihre Bedeutung.

  _____

  _____

  _____

  _____

e) **Atlas**
Beantworte die folgenden Fragen in Stichworten.

- Welche Bundesländer grenzen an dein Bundesland?

  _____

- Wie heißt deine Landeshauptstadt? _____

- Nenne drei bekannte Städte aus deinem Bundesland.

  _____

- Welche großen Flüsse oder Seen findest du in deinem Bundesland?

  _____

- Bestimme die Entfernung deiner Landeshauptstadt zur Hauptstadt Berlin.

  _____

Diagramme schrittweise erschließen

Es gibt verschiedene grafische Darstellungen, zum Beispiel Tabellen, Schaubilder oder Landkarten. Ein besonderer Typ der grafischen Darstellung ist das Diagramm. Es hat mit Zahlen zu tun und stellt entweder Größenverhältnisse oder Entwicklungen dar.
Wie du Diagramme schrittweise erschließen kannst, lernst du auf den folgenden Seiten.

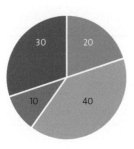 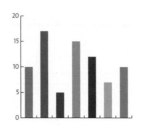 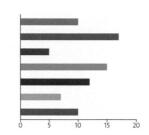 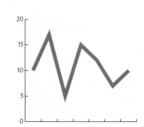

In drei Schritten zum Erfolg

Das Vorwissen überprüfen
Bevor du ein bestimmtes Diagramm beschreibst und auswertest, solltest du dir noch einmal grundsätzlich klarmachen, was du über Diagramme weißt:
- Welche Diagrammformen (Säulendiagramm, Tortendiagramm usw.) gibt es?
- Welche Inhalte lassen sich mit den einzelnen Diagrammformen gut darstellen?
- Was sind die x- und die y-Achse?
- Welche Bestandteile (Überschrift, Legende usw.) weisen Diagramme auf?

Schritt 1: Verschaffe dir einen Überblick
- Kläre, um welches Thema es in dem Diagramm geht?
  Lies dafür die Überschrift und die Bildunterschrift.

Schritt 2: Beschreibe das Diagramm
- Um welche Form des Diagramms handelt es sich?
- Welche Angaben werden auf der x- und der y-Achse gemacht?
- Welche Informationen enthält die Legende?
- Beschreibe die Informationen des Diagramms im Einzelnen.

Schritt 3: Denke über die Inhalte des Diagramms nach
- Verknüpfe die einzelnen Informationen zu einer Gesamtaussage.
- Was fällt dir an den Aussagen Besonderes oder Überraschendes auf?
- Welche Fragen bleiben für dich offen?

Fortsetzung auf Seite 35

Fortsetzung von Seite 34

Diagramme schrittweise erschließen

Aufgabe

1. Prüfe dein Vorwissen. Bearbeite dazu die folgenden Aufgaben.
   a) Ordne die Diagrammformen den richtigen Abbildungen zu.
      Schreibe auf die Linien. Kontrolliere anschließend mit dem Lösungsteil.

> Balkendiagramm • Kurvendiagramm • Säulendiagramm • Tortendiagramm/Kreisdiagramm

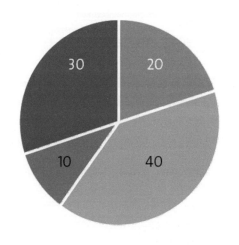

_____

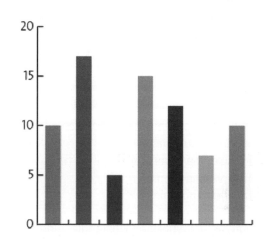

_____

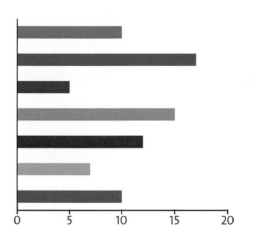

_____

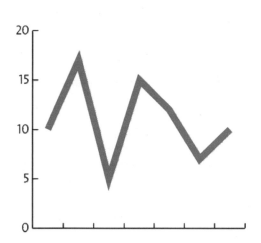

_____

b) Welche Diagramme aus Aufgabe 1 beschreiben Größenverhältnisse und welche Entwicklungen? Notiere.

   Größenverhältnisse: _____

   _____

   Entwicklungen: _____

Fortsetzung von Seite 35

Diagramme schrittweise erschließen

Aufgabe

c) Für die Darstellung welcher Inhalte eignen sich die einzelnen Diagrammformen? Kreuze an.
Tipp: Betrachte dazu noch einmal die Diagramme auf Seite 35.

Mit dieser Diagrammform lassen sich verschiedene Werte besonders gut vergleichen:
❑ Säulendiagramm
❑ Kurvendiagramm
❑ Tortendiagramm

Diese Diagrammform eignet sich besonders gut für die Darstellung eines Ganzen (von 100 %):
❑ Säulendiagramm
❑ Kurvendiagramm
❑ Tortendiagramm

Mit dieser Diagrammform lässt sich zum Beispiel der zeitliche Verlauf von etwas besonders gut darstellen:
❑ Säulendiagramm
❑ Kurvendiagramm
❑ Tortendiagramm

d) Schreibe die einzelnen Bestandteile des Diagramms an die Pfeile.
Nutze dazu die folgenden Begriffe.
Tipp: Die Legende enthält zum Beispiel Informationen zum Gebrauch der Farbe.

Überschrift • Legende • Prozentangabe • x-Achse • y-Achse

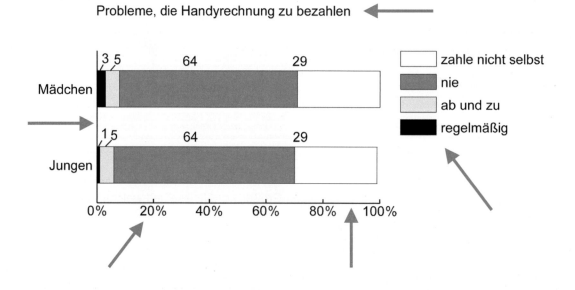

Fortsetzung von Seite 36 **Diagramme schrittweise erschließen**

Aufgaben

2. Fasse in einem Satz zusammen, um welches Thema es in dem folgenden Diagramm geht. Lies dafür die Überschrift und den Text des Diagramms.

   Nutze einen der folgenden Formulierungsvorschläge:
   Das Diagramm gibt Auskunft über ... / hat das Thema ... / stellt dar ...

   _____

   _____

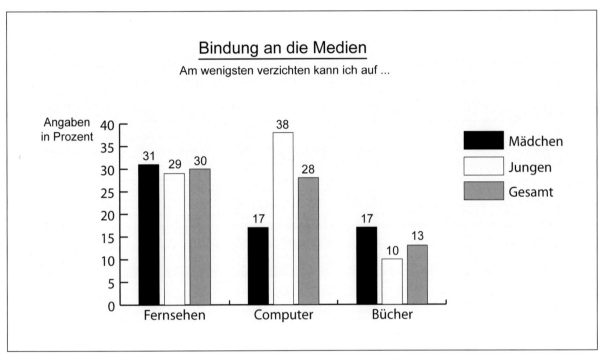

Meinungsumfrage unter 1200 Jugendlichen im Jahr 2003

3. Um welche Form des Diagramms handelt es sich? Notiere.

   _____

4. Welche Angaben werden auf der x- und der y-Achse gemacht?
   Antworte jeweils in einem ganzen Satz.

   x-Achse: _____

   y-Achse: _____

5. Welche zusätzlichen Informationen enthält das Diagramm? Notiere.

   _____

   _____

Fortsetzung auf Seite 38

Diagramme schrittweise erschließen

Aufgaben

6. Beschreibe die einzelnen Ergebnisse der Umfrage (Aufgabe 2) in ganzen Sätzen.
   Du kannst auf folgende Formulierungsvorschläge zurückgreifen:
   - *Die Zahl der X, die ..., beträgt ...*
   - *X% der befragten Jungen/Mädchen können ...*
   - *Insgesamt können X% ...*

   Fernsehen: _____

   _____

   _____

   Computer: _____

   _____

   _____

   Bücher: _____

   _____

   _____

7. Verknüpfe die einzelnen Ergebnisse zu einer Gesamtaussage.
   a) Vergleiche die Medienbindung von Mädchen und Jungen.

   _____

   _____

   _____

   b) Beschreibe den Umgang der Jugendlichen mit den verschiedenen Medien insgesamt.

   _____

   _____

   _____

8. Beurteile die Informationen des Diagramms. Was ist überraschend? Was hattest du erwartet? Welche Fragen bleiben offen?

   _____

   _____

   _____

   _____

   _____

Fortsetzung von Seite 38 **Diagramme schrittweise erschließen**

Aufgabe

9. Beschreibe die folgenden Diagramme in der rechten Tabellenspalte stichwortartig.

Diagramm	Beschreibung
Sitzverteilung im Deutschen Bundestag nach der Wahl 2009 — CDU 194, FDP 93, DIE LINKE 76, GRÜNE 68, CSU 45, SPD 146, 622 Sitze insgesamt. Quelle: Der Bundeswahlleiter	Thema: _____ Diagrammform: _____ Angaben auf x- und y-Achse: _____ Einzelinformationen: _____
DEUTSCHLAND SUCHT DEN MEGASTAR — Sänger D 20, Sängerin C 45, Sänger B 10, Sängerin A 25. Angaben in Prozent. Das Ergebnis der Publikumsabstimmung	Thema: _____ Diagrammform: _____ Angaben auf x- und y-Achse: _____ Einzelinformationen: _____
Anteile der Altersgruppen unter 20, ab 65 und ab 80 Jahre in Deutschland, 1871 bis 2060. Kalenderjahr / Prozent. Quelle: Statistisches Bundesamt	Thema: _____ Diagrammform: _____ Angaben auf x- und y-Achse: _____ Einzelinformationen: _____

Mit Diagrammen und Tabellen arbeiten

Aufgaben

1. Fasse in einem Satz zusammen, worum es in diesem Diagramm geht.

   _____
   _____

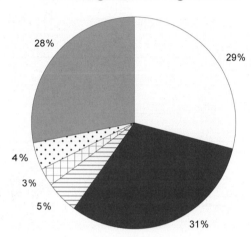

Wie häufig rauchen Jugendliche?

- nie — 29%
- probiert — 31%
- 1–2 x monatl. — 5%
- 1–2 x wöchentl. — 3%
- 3–6 x wöchentl. — 4%
- täglich — 28%

Fakultät für Statistik und Information, Universität Bielefeld

2. Beschreibe die einzelnen Informationen des Diagramms.

   _____
   _____
   _____
   _____

3. Ist das Tortendiagramm (Aufgabe 1) für dieses Thema geeignet?
   Zeichne ein Diagramm, in dem sich die Werte besser vergleichen lassen.
   Beschrifte die x- und die y-Achse.

   Wie häufig rauchen Jugendliche?

Fortsetzung auf Seite 41

Mit Diagrammen und Tabellen arbeiten

Aufgaben

4. Fasse jeweils in einem Satz zusammen, worum es in den beiden folgenden Tabellen geht.

   Tabelle A: _____

   Tabelle B: _____

Jugendliche rauchen nach eigenen Angaben, weil …

Gründe fürs Rauchen	13–16-Jährige
Genuss/Geschmack	18 %
Gewohnheit	15 %
Stress/Probleme/Frust	23 %
Beruhigung/Entspannung	4 %
Abhängigkeit/Sucht	0 %
Freunde rauchen	19 %
Langeweile/Unsicherheit	5 %
weil Rauchen cool ist	16 %

Jugendliche rauchen nach eigenen Angaben nicht, weil …

Gründe fürs Nichtrauchen	13–16-Jährige
ist zu teuer	15 %
will nicht abhängig werden	7 %
Fitness	11 %
ist nicht gesund	42 %
schmeckt nicht	17 %
Raucher stoßen mich ab	8 %

5. Überprüfe die beiden Tabellen in Bezug auf ihre Übersichtlichkeit. Was fällt dir auf? Notiere.

_____

_____

_____

_____

Fortsetzung von Seite 41

Mit Diagrammen und Tabellen arbeiten

Aufgaben

6. Stelle die Angaben der Tabellen (Aufgabe 4) in zwei Diagrammen dar. Gehe so vor:
   - Überlege, mit welcher Diagrammform du eine größtmögliche Übersichtlichkeit erzielen kannst.
   - Überlege, wie du die einzelnen Werte sortieren kannst, damit sie sich gut vergleichen lassen.
   - Gib beiden Diagrammen eine Überschrift. Schreibe auf die Linien.

Diagramm A: _____

Diagramm B: _____

7. Beurteile die Aussage der Jugendlichen, dass niemand raucht, weil er abhängig oder süchtig ist. Schreibe in dein Heft.

8. Welche Fragen bleiben offen? Formuliere drei weiterführende Fragen in deinem Heft.

Karikaturen erschließen

Karikaturen begegnen dir vor allem in Zeitungen und Zeitschriften, aber auch im Fernsehen oder im Internet. Es handelt sich um satirische Bilder, in denen sich der Zeichner kritisch mit dem Zeitgeschehen, gesellschaftlichen Problemen oder Personen auseinandersetzt. Die Karikatur nimmt Stellung, vertritt also eine Meinung, über die der Betrachter oder Leser nachdenken soll.
Wie du Karikaturen erschließen kannst, kannst du auf den folgenden Seiten lernen.

Aufgabe

1. Erschließe die Karikatur mit Hilfe der folgenden Arbeitsschritte.

a) Beschreibe die Karikatur. Gehe so vor:

- Worum geht es in der Karikatur? Notiere deinen ersten Eindruck.

_____

- Welche Informationen lassen sich der Überschrift oder der Bildunterschrift entnehmen?

_____

_____

- Was steht in den Sprech- oder Denkblasen? Antworte mit eigenen Worten.

_____

_____

_____

- Wer oder was ist abgebildet? Beschreibe das Bild stichwortartig. Achte auf Besonderheiten, bei Personen zum Beispiel auf Mimik und Gestik.

_____

_____

_____

- Wann und wo ist die Karikatur erschienen? Notiere, falls vorhanden, ein Erscheinungsdatum und einen Erscheinungsort (Zeitung, Zeitschrift, Internetadresse usw.).

_____

Fortsetzung auf Seite 44

Fortsetzung von Seite 43

Karikaturen erschließen

Aufgabe

b) Erschließe die Aussage der Karikatur.

- Erkläre mit eigenen Worten, welches gesellschaftliche Problem oder welcher Sachverhalt in der Karikatur dargestellt wird.

  _____
  _____
  _____

- An welche Zielgruppe wendet sich die Karikatur? Spricht sie eine besondere Gesellschaftsschicht, ein bestimmtes Alter, Frauen oder Männer an?
  Begründe deine Ansicht.

  _____
  _____
  _____

- Was genau wird in der Karikatur kritisiert? Erläutere.

  _____
  _____
  _____

- Mit welchen Stilmitteln unterstreicht der Zeichner seine Kritik?
  Kreuze ein oder zwei Möglichkeiten an und begründe anschließend.
  ❑ Humor (eher gelassene, distanzierte Betrachtungsweise)
  ❑ Ironie (hintergründiger Spott, bei dem der Karikaturist zum Beispiel das Gegenteil von dem vertritt, was seine Figuren sagen)
  ❑ Sarkasmus (Verhöhnung, Verspottung)
  ❑ Übertreibung (zum Beispiel überzogene Darstellung von bestimmten Eigenschaften)
  ❑ Verfremdung (zum Beispiel werden Figuren in einem ungewöhnlichen oder unpassenden Zusammenhang dargestellt)
  ❑ Paradoxie (Widerspruch)

  _____
  _____
  _____

- Was will der Zeichner bewirken? Notiere.

  _____
  _____
  _____

Fortsetzung von Seite 44

Karikaturen erschließen

Aufgaben

c) Beurteile die Karikatur.

- Hat der Zeichner das Problem und seine Meinung dazu überzeugend darstellen können? Begründe dein Urteil.

_____
_____
_____
_____

- Stimmst du der Aussage der Karikatur zu? Begründe deine Meinung.

_____
_____
_____
_____

2. Stelle mit Hilfe der Aufgaben auf den Seiten 43 bis 45 übersichtlich dar, wie man Karikaturen in drei Schritten erschließen kann. Arbeite auf einem Extrablatt.

3. Erschließe die folgende Karikatur.

Zivilcourage

Ein Brainstorming durchführen

Das Brainstorming dient der Ideenfindung und Stoffsammlung zu einem bestimmten Begriff oder Thema. Dabei kann es ruhig richtig wild oder „stürmisch" (in deinem Kopf) zugehen. Alles, was dir einfällt, und sei es noch so verrückt oder abwegig, ist hier erlaubt. Erst ganz am Ende ordnest du dann deine Gedanken nach bestimmten Gesichtspunkten und streichst, was dir bei näherer Überlegung nicht sinnvoll erscheint.

Aufgaben

1. Tut euch zu zweit oder dritt zusammen und führt ein Brainstorming (maximal 5 Minuten) zu einem der folgenden Themen durch. Schreibt auf ein Extrablatt.
   Tipp: Bestimmt ein Gruppenmitglied, das eure Einfälle notiert.

   > Schule • Freizeit • Freund • Beruf • Haustiere • Computer • Fernsehen • Musik

2. Überprüft euer Ergebnis aus Aufgabe 1.
   a) Streicht Ideen, die euch nicht sinnvoll erscheinen.

   b) Ordnet eure Einfälle nach bestimmten Gesichtspunkten. Markiert Zusammengehöriges mit der gleichen Farbe.

   c) Unterstreicht besonders originelle Einfälle.

3. Hier siehst du das Ergebnis eines Brainstormings zum Thema „In und out sein".

   Freunde   Markenklamotten   Coolness   Limo   Turnschuhe   Pickel
   Sandalen   Außenseiter   Zöpfe   Turnschuhe   Frechsein   Clique
   Kniestrümpfe   Alkopops   Ehrlichkeit   Integration   Freundin   Freund
   Mobbing   Rauchen   Tanzen   Fönfrisur   Chillen   Erfahrung
   Auslachen   Mitmachen   Höflichkeit   Gitarre   Hilfsbereitschaft
   Trendsetter   Verweigern   Aussehen   Computerspiele   Klassenclown
   Chatten   SMS   Verantwortung

   a) Markiere die Begriffe, die zu „in" und die zu „out" passen, unterschiedlich.

   b) Kennzeichne die wichtigsten Begriffe aus beiden Bereichen mit einem Ausrufezeichen und streiche die Begriffe, die dir nicht sinnvoll erscheinen.

   c) Schreibe in deinem Heft einen kurzen Text darüber, was „in sein" und „out sein" für dich bedeuten.

Einen Cluster anlegen

Ein Cluster (engl. Gruppe, Häufung, Traube) dient zur Ideenfindung und zur Stoffsammlung. Du schreibst einen bestimmten Begriff in die Mitte eines Blattes und kreist ihn ein. Alle Stichwörter, die dir dazu einfallen, schreibst du locker um diesen Mittelpunkt herum, kreist sie ebenfalls ein und verbindest sie durch einen Strich mit dem Mittelpunkt. Zu jedem Stichwort, das du aufgeschrieben hast, kannst du auf die gleiche Weise weitere Einfälle notieren. Am Ende sollen viele Stichwortkreise miteinander verbunden sein und alle Einfälle sollen zum Ausgangsbegriff in inhaltlicher Verbindung stehen.

Mit einem Cluster kannst du dir über dein Wissen zu einem Begriff oder Thema klar werden. Er eignet sich auch gut zur Vorbereitung von Diskussionen und Referaten, von Aufsätzen und Erörterungen.

Aufgaben

1. Hier kannst du die freie Verknüpfung (= Assoziation) von Gedanken zu einem Ausgangsbegriff üben. Gehe so vor, dass du immer den vorangehenden Begriff als Ausgangspunkt nimmst. Du verbindest also das zweite Wort mit dem ersten, das dritte mit dem zweiten usw.

Beispiel:

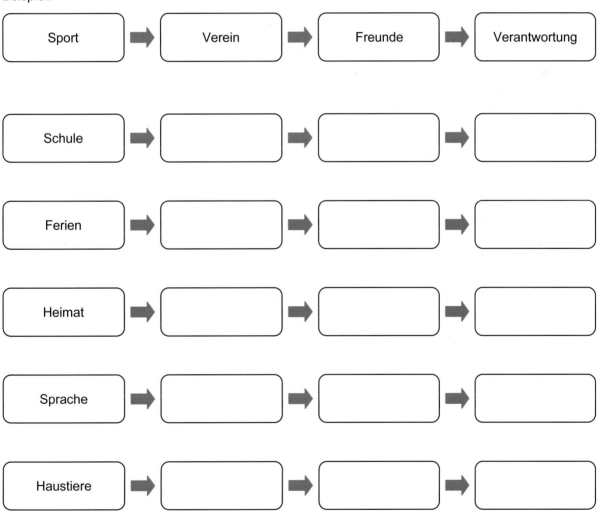

2. Vergleicht eure Ergebnisse aus Aufgabe 1 miteinander. Was fällt euch auf?

3. Lege auf einem Extrablatt einen Cluster zu einem der Begriffe aus Aufgaben 1 an.

Fortsetzung auf Seite 48

Fortsetzung von Seite 47 **Einen Cluster anlegen**

Aufgaben

4. Lege einen Cluster zum Thema „Auslandsaufenthalt" an.
   Die Fotos können dir dabei helfen.
   Tipp: Lies dir noch einmal die Erklärungen zum Cluster auf Seite 47 durch.

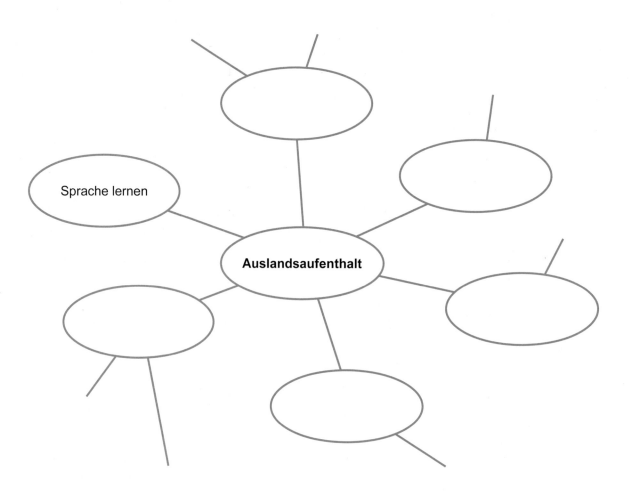

5. Nutze den Cluster aus Aufgabe 4 zur Vorbereitung für das Schreiben eines eigenen Textes, zum Beispiel für eine Erörterung. Werte dafür den Cluster so aus:
   • Welche Stichwörter gehören inhaltlich zusammen?
     Markiere sie mit einer Farbe oder einem Symbol.
   • Findest du Argumente, die für oder die gegen einen Auslandsaufenthalt sprechen?
     Markiere sie unterschiedlich.

Eine Mindmap für alle Fälle

Eine Mindmap (engl. Gedankenlandkarte) kannst du im Unterricht immer wieder nutzen. Sie ist eine Methode nicht für alle, aber für viele Fälle. Sie hilft dir zum Beispiel bei der strukturierten Darstellung von Textinhalten (siehe die Seiten 24 bis 27) und beim Ideensammeln für eigene Schreibaufgaben oder Projekte. Ihr großer Vorteil ist die Übersichtlichkeit.

Im Mittelpunkt der Mindmap steht ein zentraler Begriff oder ein Thema. Wie bei einer Landkarte gehen breite Straßen davon ab, an die du verschiedene Oberbegriffe schreibst. Von den breiten Straßen zweigen wiederum schmalere Wege ab. Hier notierst du weitere untergeordnete Ideen. Die breiten Straßen werden auch häufig als Äste und die schmalen Wege als Zweige bezeichnet.

Aufgabe

1. Hier siehst du eine Mindmap zum Thema „Mindmap".
   a) Lies dir die Mindmap genau durch.

   b) Ergänze die Mindmap mit Hilfe der folgenden Wörter und Wortgruppen. Schreibe an die freien Striche.

> Stoff sammeln • Ast • Übersicht • Texte aufbereiten • Verknüpfung • Vorträge vorbereiten • viel auf einen Blick

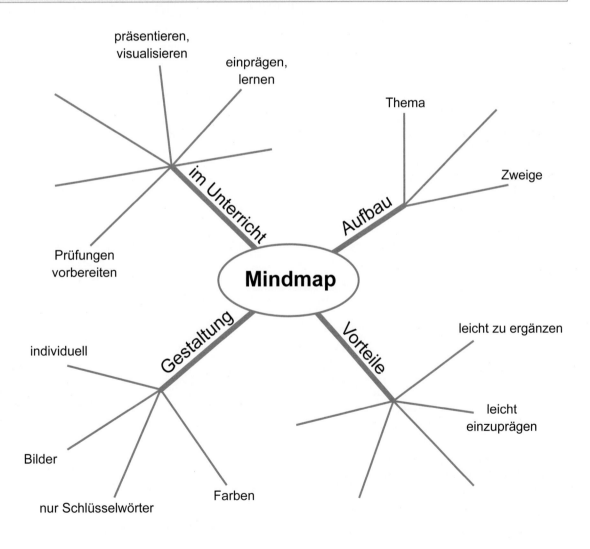

Fortsetzung von Seite 49

Eine Mindmap für alle Fälle

Aufgaben

2. Ordne die Ideensammlung mit Hilfe einer Mindmap. Gehe so vor:
   - Markiere mögliche Oberbegriffe mit verschiedenen Farben und einem Ausrufezeichen.
   - Ordne den Oberbegriffen Stichworte zu. Markiere sie in der entsprechenden Farbe.
   - Erstelle die Mindmap auf einem Extrablatt.

3. Suche dir eines der folgenden Themen aus und erstelle dazu eine Mindmap.

   Internet • Piercing • Alkohol • Schulfest • Projektarbeit • Gruppenarbeit • Genmanipulation

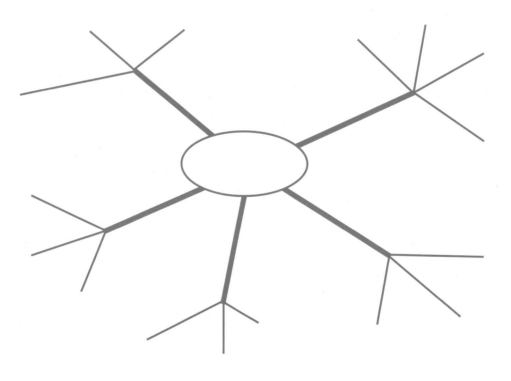

Einen Schreibplan erstellen

Auf der Grundlage einer Stoffsammlung kannst du einen Schreibplan erstellen. Er hilft dir dabei, beim Schreiben nichts Wichtiges zu vergessen. Du notierst Punkt für Punkt, was du zu einem bestimmten Thema oder einer Fragestellung schreiben möchtest, und legst eine sinnvolle Reihenfolge fest.

Aufgaben

1. Lege zu der folgenden Fragestellung einen Schreibplan für eine lineare Erörterung an. Arbeite in deinem Heft.
   Tipp: Die Informationen auf Seite 41 und der Schreibplan rechts helfen dir dabei.

   „Sollte das Rauchen grundsätzlich verboten werden?"

   Lineare Erörterung
   Einleitung
   Hauptteil
   - erste Begründung für deinen Standpunkt
     - Beispiele
   - zweite Begründung für deinen Standpunkt
     - Beispiele
   - dritte Begründung für deinen Standpunkt
     - Beispiele
   Schluss

   Gehe so vor:
   - Entscheide dich für einen Standpunkt.
   - Führe stichpunktartig drei Begründungen an.
   - Notiere stichpunktartig Beispiele zu jeder Begründung.
   - Führe dein stärkstes Argument zum Schluss auf.

2. Lege zu der folgenden Fragestellung einen Schreibplan für eine Pro-und-Kontra-Erörterung an. Arbeite in deinem Heft.
   Tipp: Die Informationen auf Seite 48 und der Schreibplan rechts helfen dir dabei.

   „Sollten Schülerinnen und Schüler für ein Jahr ins Ausland gehen?"

   Pro-und-Kontra-Erörterung
   Einleitung
   Hauptteil
   - erstes Gegenargument
   - zweites Gegenargument
   - drittes Gegenargument

   - erstes Argument für deinen Standpunkt
   - zweites Argument für deinen Standpunkt
   - drittes Argument für deinen Standpunkt
   Schluss

   Gehe so vor:
   - Entscheide dich für einen Standpunkt.
   - Führe stichpunktartig drei Gegenargumente an.
   - Führe stichpunktartig drei Argumente für deinen Standpunkt an.
   - Führe dein stärkstes Argument zum Schluss auf.

Texte im Team überarbeiten

Eine gute Möglichkeit, Texte im Team zu überarbeiten, ist die Schreibkonferenz. Dabei lest ihr reihum eure selbst verfassten Texte vor und lasst euch von euren Gruppenmitgliedern beraten. Bildet für eure Konferenz Kleingruppen von vier Personen.

Aufgabe

1. Überarbeitet den Text zum Thema „Soll das Rauchen verboten werden?". Geht so vor:
   - Einer liest den Text vor, zuerst einmal ganz, dann Satz für Satz.
   - Die Zuhörenden teilen die Prüfpunkte in der linken Spalte unter sich auf und machen Vorschläge.
   - Der Vorleser notiert Stichworte am Textrand und überarbeitet mit ihrer Hilfe seinen Text.
   - Überprüft zum Schluss die Rechtschreibung mit Hilfe des Wörterbuchs.

Prüfpunkte	Rauchen muss nicht sein
1. Inhalt • Ist der Text verständlich? • Passt die Überschrift? • Wird klar, worum es geht? • Bleibt der Text beim Thema? **2. Aufbau** • Macht die Einleitung neugierig? • Ist der Hauptteil gegliedert? • Gibt es einen Schlussgedanken? **3. Sprache** • Wird anschaulich formuliert? • Passen die Satzanschlüsse? • Lassen sich Wiederholungen vermeiden? **4. Form und Gestaltung** • Ist die Schrift gut lesbar? • Gibt es Absätze? • Gibt es gegebenenfalls Bilder, Tabellen, Diagramme?	Es gibt viele Verbote, vielleicht zu viele. Sie schränken unsere Freiheit ein und machen uns das Leben oft unnötig schwer. Auf manche Verbote, etwa „Das Betreten der Rasenfläche ist untersagt", reagiere ich regelrecht allergisch. Und doch sind nicht alle Verbote sinnlos, im Gegenteil. So wird zum Beispiel ein Rauchverbot immer wieder mal bei uns diskutiert. Doch kommt es meist nur zu Teillösungen. Ein Argument, das für ein allgemeines Rauchverbot spricht, ist, dass Mädchen und Jungen immer jünger mit dem Rauchen anfangen und sehr schnell abhängig werden. Dass das so ist, kann jeder bei seinen Freundinnen oder Freunden selbst beobachten. Es fängt mit einer Zigarette in der Woche an und kurze Zeit später reicht kaum mehr eine Packung am Tag. Ein beinahe noch wichtigeres Argument scheint mir aber zu sein, dass Raucher nicht nur sich, sondern auch andere gefährden. Es gibt viele gut belegte Untersuchungen dazu, dass auch sogenannte Passivraucher schwer erkranken. Das führt mich zu meinem letzten und wichtigsten Argument: der Gesundheit der Raucher. Gerade junge Leute machen sich über ihr Risiko keine ausreichenden Gedanken, viele zucken nur die Schultern, wenn man ihnen sagt, dass sie in 20 Jahren womöglich an Lungenkrebs erkranken. Dabei sind die gefährlichen Spätfolgen regelmäßigen Rauchens wissenschaftlich bewiesen.

Aufgabenstellungen verstehen

Jede Aufgabenstellung enthält ein „Aufforderungsverb". Wenn du genau verstehst, was dieses Verb von dir fordert, hast du beste Voraussetzungen für eine gute Klassenarbeit.

Aufgaben

1. Lies die Aufforderungsverben in der linken Tabellenspalte und erkläre mit eigenen Worten, was sie von dir verlangen. Schreibe zunächst in dein Heft.

Aufforderungsverben	Bedeutung
analysieren/untersuchen	
begründen	
beschreiben	
beurteilen	
definieren	
erklären	
erläutern	
erörtern	
interpretieren	
vergleichen	
zitieren	
zusammenfassen	

2. Vergleiche deine Lösung aus Aufgabe 1 mit dem Lösungsteil. Übertrage dann die Erklärungen aus dem Lösungsteil in die Tabelle.

3. Markiere alle Aufforderungsverben in den Aufgabenstellungen 1 bis 4.
   Tipp: Es sind insgesamt neun Aufforderungsverben.

4. Gestaltet mit Hilfe von Aufgabe 1 ein Plakat für das Klassenzimmer. Sammelt dafür noch weitere Aufforderungsverben und erklärt sie.

Einen Vortrag vorbereiten und halten: ein Überblick

Bei einem Referat oder einem Kurzvortrag bist du der Experte oder die Expertin für ein bestimmtes Thema. Du bereitest dein Referat schriftlich vor und präsentierst es mündlich. – Auf den folgenden Seiten kannst du lernen, wie du ein Referat schrittweise erarbeiten kannst.

1. Schritt: Vorüberlegungen
- Für wen hältst du den Vortrag (für Mitschüler, für Eltern usw.)?
- Wie lange soll dein Vortrag dauern?
- Worüber willst du informieren? Was ist dein Ziel?
- Wie kannst du dein Publikum für dein Thema interessieren?
- Was denkst du selbst zu deinem Thema?

2. Schritt: das Thema erschließen
- Führe ein Brainstorming zu deinem Thema durch oder lege einen Cluster an.
- Ordne deine Ideen mit Hilfe einer Mindmap.
- Überlege, welche Aspekte des Themas deine Zuhörer interessieren könnten.

3. Schritt: Material beschaffen, recherchieren
- Sammle in Bibliotheken und im Internet Material zu deinem Thema.

4. Schritt: das Material auswerten
- Lies das Material. Markiere wichtige Informationen.
- Notiere Stichworte und kurze Formulierungen zu den Aspekten deines Themas.

5. Schritt: das Material ordnen, den Vortrag gliedern und schreiben
- Bringe dein Material in eine sinnvolle Reihenfolge.
- Lege für jeden Aspekt deines Themas eine Karteikarte an.
- Nummeriere die Karteikarten in der festgelegten Reihenfolge.
- Übertrage deine Notizen (Schritt 4) auf die Karteikarten.

6. Schritt: Schluss und Einleitung planen und schreiben
- Wecke mit deinem ersten Satz das Interesse deines Publikums.
- Gib vorab einen Überblick über dein Referat.
- Fasse Wichtiges am Ende zusammen.
  Gib einen Ausblick.

7. Schritt: anschaulich präsentieren
- Sammle Anschauungsmaterial, zeige Folien, bereite Plakate vor …

8. Schritt: das Referat vortragen
- Übe deinen Vortrag.
- Sprich frei.
- Bleib locker.
- Suche den Blickkontakt mit deinem Publikum.
- Zeige dein Anschauungsmaterial.
- Lasse Fragen aus dem Publikum zu.

Einen Vortrag vorbereiten und halten: Vorüberlegungen anstellen

Aufgaben

1. Beantworte die folgenden Fragen zum Thema „Fußball" stichwortartig.
   - Worüber willst du informieren? Was sollte man zu diesem Thema wissen?

   _____
   _____
   _____
   _____

   - Wie kannst du dein Publikum für dein Thema interessieren?
     Was könnte zum Beispiel einen witzigen Einstieg für dein Referat bilden?
     Wie kannst du die Mädchen in deiner Klasse für dein Thema gewinnen?

   _____
   _____
   _____
   _____

   - Was denkst du zu deinem Thema? Findest du das Thema wichtig oder nebensächlich, interessant oder uninteressant usw.?

   _____
   _____
   _____

2. Erkläre mit eigenen Worten, warum es wichtig ist, sich über die Zuhörer Gedanken zu machen. Das Bild rechts kann dir bei der Antwort helfen.

   _____
   _____
   _____
   _____
   _____
   _____

3. Wie lange sollte ein Kurzvortrag dauern? Kreuze an und vergleiche mit dem Lösungsteil.
   - ☐ 1 bis 2 Minuten
   - ☐ 5 bis 10 Minuten
   - ☐ 20 bis 30 Minuten

Einen Vortrag vorbereiten und halten: das Thema erschließen

Aufgaben

1. Führe ein Brainstorming (vergleiche Seite 46) zum Thema „Fußball" durch. Notiere dazu auf einem Extrablatt alle Stichworte, die dir in den Sinn kommen.

2. Werte dein Brainstorming aus. Gehe so vor:
   - Markiere Wichtiges mit einer bestimmten Farbe.
   - Markiere Originelles mit einer weiteren Farbe.
   - Streiche Abwegiges.

3. Ergänze die Mindmap (vergleiche die Seiten 49 und 50).
   a) Schreibe zuerst an die Zweige der bereits beschrifteten Äste.
   b) Beschrifte den freien Ast und die dazugehörigen Zweige mit Hilfe deines Brainstormings.

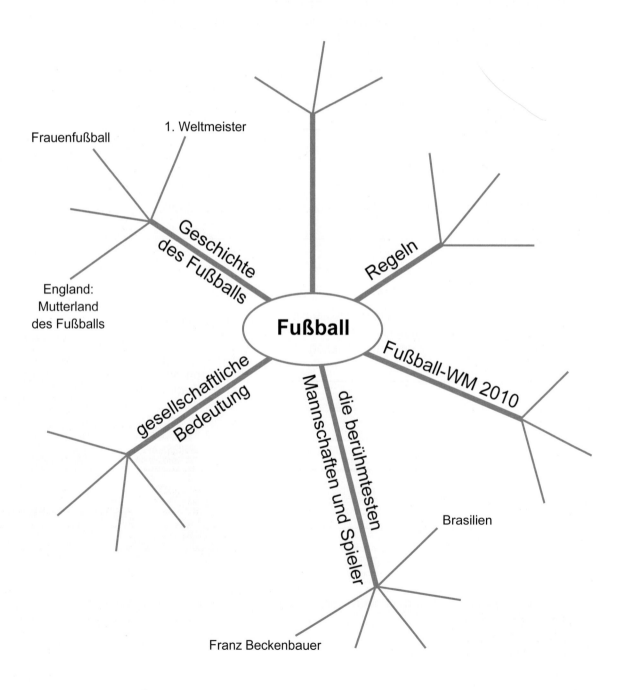

Einen Vortrag vorbereiten und halten: das Material beschaffen

Aufgaben

1. Wo wirst du vermutlich vertiefendes Material zu deinem Thema finden?
   Kreuze an und begründe.
   Tipp: Lies dir nochmal die Oberbegriffe in deiner Mindmap (Seite 56, Aufgabe 3) durch.

_____
_____
_____
_____

2. Informiere dich auf der Homepage der südafrikanischen Botschaft in Berlin
   (http://www.suedafrika.org/suedafrika.html) über das Land, die Menschen und die FIFA WM 2010.

3. Notiere Schlagwörter, mit denen du in einer Suchmaschine zu den verschiedenen
   Teilgebieten deines Themas fündig werden kannst.
   Probiere deine Schlagwörter aus und verändere und ergänze sie gegebenenfalls.

_____
_____
_____

Einen Vortrag vorbereiten und halten: das Material auswerten

Aufgaben

1. Lies den Text genau. Markiere dabei wichtige Informationen.

   Die Geschichte des Fußballs
   Die ersten Fußballspieler waren vermutlich die Chinesen. Sie kickten bereits im zweiten Jahrtausend vor Christus. Über das Spiel namens Ts'uh-chüh („ts'uh" = mit dem Fuß stoßen; „chüh" = Ball) ist allerdings so wenig bekannt, dass wir nicht wissen, wie groß die Verwandtschaft zu unserem heutigen Fußball ist.
   England gilt als das Mutterland des heutigen Fußballs, hier wurde 1863 der erste Fußballverband gegründet und ein richtiges, umfassendes Regelwerk geschaffen, das allerdings noch viele Änderungen erleben sollte.
   1872 wurde das erste Länderspiel in Glasgow zwischen Schottland und England ausgetragen (Endstand 0:0). Wie man damals in schwierigen Fällen entschieden und wie man Fouls geahndet hat, ist etwas unklar, denn der Job des Schiedsrichters wurde erst zwei Jahre später eingeführt. Der schwarze Mann mit der Trillerpfeife hatte die schwierige und oft undankbare Aufgabe, ein Spiel unparteiisch, also gerecht, zu leiten. Respekt verschaffte ihm im Jahre 1891 die Aufnahme des Elfmeters ins Reglement.
   In Deutschland war in den Anfängen von Fußballbegeisterung noch nicht viel zu spüren, denn Deutschland war traditionell ein Land der Turner. Im Jahr 1900 aber wurde der DFB, der Deutsche Fußball-Bund, gegründet und im gleichen Jahr wurde Fußball olympische Disziplin.
   1904 wurde der Weltverband FIFA in Paris aus der Taufe gehoben. Er hatte und hat die Aufgabe, Länderspiele zu organisieren und international verbindliche Fußballregeln aufzustellen. Die FIFA sorgte u. a. auch für etwas mehr Beinfreiheit der Spieler, denn die mussten lange Zeit Hosen tragen, die ihre Knie bedeckten.
   Der europäische Fußballverband UEFA wurde 1954 in Basel gegründet und richtete bereits im Jahr darauf den ersten Europapokal der Landesmeister aus. Seit 1960 gab es dann den Wettbewerb Europapokal der Nationen, der 1968 in Europameisterschaft umbenannt wurde.

2. Fasse die wichtigsten Informationen in der Randspalte stichwortartig zusammen.

3. Ist diese Geschichte des Fußballs vollständig? Welche wichtigen Informationen fehlen dir? Notiere.

4. Werte auch das übrige Material, das du zusammengetragen hast, aus.

Einen Vortrag vorbereiten und halten: das Material ordnen, den Vortrag gliedern

Aufgaben

1. Notiere die Stichwörter, die du dir zu den verschiedenen Materialien gemacht hast, auf den Karteikarten.

| berühmte Mannschaften und Spieler ○ | gesellschaftliche Bedeutung ○ |

| Geschichte des Fußballs ○ | WM 2010 ○ |

| Regeln ○ | ○ |

2. Ich welcher Reihenfolge willst du die einzelnen Teile deines Themas vortragen? Nummeriere die Karteikarten und begründe deine Sortierung.

Einen Vortrag vorbereiten und halten: Einleitung und Schluss schreiben

Aufgaben

1. Welche der folgenden Anfänge wecken deiner Ansicht nach das Interesse der Zuhörer? Kreuze an.

   ☐ *„Der Ball ist rund und ein Spiel dauert 90 Minuten." Damit hat Sepp Herberger alles Wesentliche zum Thema „Fußball" zusammengefasst. Aber ist das wirklich alles?*

   ☐ *Ich will euch heute etwas über das spannende Thema „Fußball" erzählen.*

   ☐ *Fußball – eine reine Männersache? Von wegen! Immer mehr Mädchen kicken wie Beckham, und – falls ihr es noch nicht wisst – die deutsche Damenmannschaft war schon zweimal Weltmeister.*

2. Formuliere selbst einen interessanten oder witzigen Einstieg für deinen Vortrag.

   _____
   _____
   _____

3. Schreibe die Einleitung zu Ende. Gib dabei einen Überblick über dein Referat. Du kannst dazu die folgenden Formulierungen nutzen.

   > Ich beginne mit … • Danach werde ich … • Im Anschluss … • Zum Schluss …

   _____
   _____
   _____
   _____

4. Schreibe einen kurzen Schluss, in dem du deine Meinung zum Thema zusammenfasst und einen Ausblick gibst.

   _____
   _____
   _____
   _____
   _____
   _____

Einen Vortrag vorbereiten und halten: Anschauungsmaterial einsetzen

Der Einsatz von Anschauungsmaterial hat Vorteile für dich und für dein Publikum. Wenn du ein Modell, ein Plakat oder ein Bild mit dem Diaprojektor zeigst, verschaffst du dir selbst eine kleine Verschnaufpause. Und dein Publikum wird sich freuen, wenn es einmal nicht zuhören muss, sondern sich etwas anschauen kann.

Aufgaben

1. Wie sollte dein Anschauungsmaterial beschaffen sein? Und was kann es enthalten? Unterstreiche Zutreffendes und streiche Falsches.

   große Schrift   deutliche Schrift   vollständig
       übersichtlich   Symbole
   Farben   Bilder   kompliziert

2. Erstelle ein Tafelbild. Ergänze dafür mit Hilfe des Textes auf Seite 58 den Zeitstrahl zur Geschichte des Fußballs.

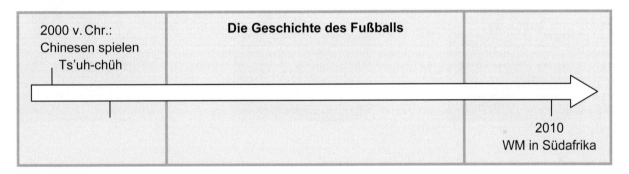

3. Wie könnte ein Lernplakat zu deinem Thema aussehen? Skizziere einen Entwurf auf einem Extrablatt.

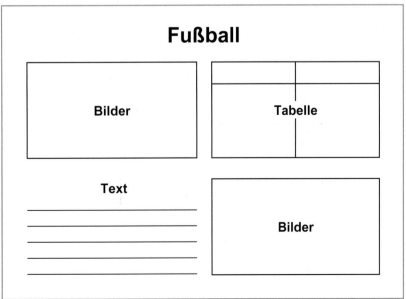

Einen Vortrag üben und halten

Aufgaben

1. Sprich deinen Vortrag zur Probe auf Kassette. Überprüfe mit der Aufnahme,
   - ob du deutlich sprichst,
   - ob der Aufbau deines Vortrags gut verständlich ist,
   - ob du die vorgegebene Zeit für deinen Vortrag einhältst,
   - an welchen Stellen du dein Anschauungsmaterial am besten einsetzt.

2. Welche Haltung scheint dir für einen Vortrag angemessen? Kreuze an und begründe.

_____
_____
_____
_____
_____

3. Gestalte mit Hilfe der folgenden Vortrag-Tipps ein Plakat für das Klassenzimmer.

   - Beginne erst, wenn deine Zuhörer ruhig sind.
   - Rede frei und lebendig.
   - Sprich deutlich und in einer angemessenen Lautstärke.
   - Vermeide komplizierte Sätze.
   - Mache Pausen.
   - Suche den Blickkontakt zu deinem Publikum.
   - Werde nicht nervös, wenn du mal den Faden verlierst. Sieh einfach auf deine Karteikarte.
   - Setze dein Anschauungsmaterial ein.
   - Gib Gelegenheit für Nachfragen.

Einen Vortrag bewerten

Aufgabe

1. Nutze die folgende Tabelle, um den Vortrag einer Mitschülerin oder eines Mitschülers zu bewerten.

Thema des Vortrages: _____

Name: _____ Klasse: _____ Dauer: _____

Kriterien	Merkmale	Bemerkungen	😊😊	😊	😐	☹	☹☹
Inhalt	Sachverhalt gut und klar vermittelt						
Stand, Haltung	fester Stand, aufrechte Haltung, Ruhe ausgestrahlt						
Blickkontakt	Zuhörer angesehen, alle Seiten des Raumes einbezogen						
Mimik, Gestik	Aussagen unterstrichen, Anschauungsmaterial gezeigt						
Sprechtempo, Sprechweise	deutlich, angemessene Lautstärke, Sprechpausen						
Sprache	verständlich in Wortwahl und Satzbau, Fremdwörter erklärt						
Betonung	Wichtiges betont, Stimme gehoben oder gesenkt						
Gliederung	in Einleitung vorgestellt, zielgerichtet, für Zuhörer nachvollziehbar						
Material	Bildmaterial eingesetzt, Anschauungsmaterial angemessen gestaltet						
Interesse	Zuhörer gepackt, Spannung aufrecht erhalten						
Lernerfolg	Informationen vermittelt, Lernzuwachs						

Ein Lernplakat gestalten

Lernplakate dienen dazu, Lernstoffe anschaulich darzustellen. Dabei ist es besonders wichtig, dass ihr den Lernstoff übersichtlich auf dem Plakat strukturiert.
Auf den nächsten Seiten könnt ihr ein Lernplakat zum Thema „Aufklärung" gestalten.

Aufgabe

1. Lies die Informationen auf dieser Seite.

Material
Mit Hilfe der folgenden Materialien könnt ihr ein Plakat gestalten:
- Papierbogen (DIN A2 oder größer), Tapetenrolle oder Stoffbahn
- Wasserfarben oder Filzstifte in unterschiedlicher Farbe und Stärke
- Schere, Klebstoff, Lineal usw.
- Grafiken, Tabellen, Bilder, Fotos usw.

Gestaltung
Für die Gestaltung eines Lernplakats gilt:
- auf das Wesentliche konzentrieren
- klare Struktur, Übersichtlichkeit
- deutlich hervorgehobene Signalwörter und Überschriften
- Einsatz von Bildelementen und Umrahmungen

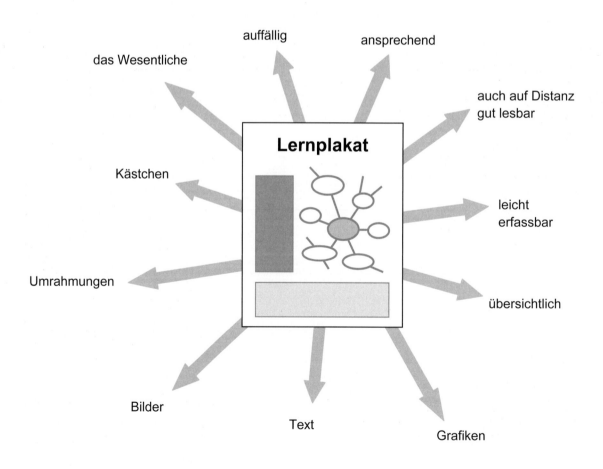

Fortsetzung von Seite 64

Ein Lernplakat gestalten

Aufgabe

2. Gestaltet mit Hilfe der Materialien auf den Seiten 65 bis 67 ein Lernplakat zum Thema „Aufklärung". Beachtet dabei die Hinweise auf Seite 64.

   a) Schneidet die Porträts der berühmten Aufklärer aus und klebt sie auf euer Plakat.

Jean-Jacques Rousseau
(1712–1778)

Immanuel Kant
(1724–1804)

Friedrich Gottlieb Klopstock
(1724–1803)

Gotthold Ephraim Lessing
(1729–1781)

Johann Christoph Gottsched
(1700–1766)

Karl Philipp Moritz
(1756–1793)

   b) Übertragt die Namen der Aufklärer sowie die Geburts- und Todesjahre gut lesbar auf euer Plakat.

Fortsetzung von Seite 65

Ein Lernplakat gestalten

Aufgabe

c) Lest den Text und markiert dabei wichtige Informationen, Schlagworte und Sätze, die ihr auf eurem Lernplakat verwenden wollt. Notiert das Wesentlich in der Randspalte.

Das neue Weltbild

„Aufklärung" wird eine europäische Geistesbewegung genannt, die in der zweiten Hälfte des 17. Jahrhunderts einsetzte und im 18. Jahrhundert ihren Höhepunkt erreichte. Durch ihre Kritik wollten die
5 Aufklärer die menschliche Vernunft aus der Abhängigkeit von Kirche und Staat befreien. Dem langen Schatten des Mittelalters, das ihrer Ansicht nach das Denken verdunkelte, hielten sie das Licht einer sich selbst bestimmenden Vernunft und die Ideale von
10 geistiger Freiheit, Gleichheit, Bildung und Toleranz entgegen.

Das aufklärerische Denken beruft sich auf Methoden der Naturwissenschaften. Beobachtung, Erfahrung und methodisches Vorgehen sollen den Erkenntnis-
15 sen Allgemeingültigkeit sichern und sie überprüfbar machen. Mit dem Anspruch auf Allgemeingültigkeit wandten sich die Aufklärer an eine gebildete Öffentlichkeit, die zwar noch zahlenmäßig klein, aber sehr aktiv war. Ihren Kern bildete das neue Bürgertum,
20 das in Preußen hauptsächlich Beamte, Professoren, Offiziere und fortschrittliche Adlige umfasste.

Die Grundsätze der Aufklärung prägten das Selbstverständnis der bürgerlichen Kultur und ersetzten in weiten Teilen Deutschlands die fehlende politische
25 Mitbestimmung. Ein wichtiges Sprachrohr der Aufklärung war die Berlinische Monatszeitschrift, in der 1783 der Königsberger Philosoph Immanuel Kant seinen berühmten Artikel zur Beantwortung der Frage „Was ist Aufklärung?" veröffentlichte:

30 „Aufklärung ist der Ausgang des Menschen aus seiner selbstverschuldeten Unmündigkeit. Unmündigkeit ist das Unvermögen, sich seines Verstandes ohne Leitung eines anderen zu bedienen. Selbstverschuldet ist diese Unmündigkeit, wenn die Ursache
35 derselben nicht am Mangel des Verstandes, sondern der Entschließung und des Mutes liegt, sich seiner ohne Leitung eines andern zu bedienen. Sapere aude! Habe Mut, dich deines eigenen Verstandes zu bedienen! ist also der Wahlspruch der Aufklärung."

Fortsetzung auf Seite 67

Fortsetzung von Seite 66

Ein Lernplakat gestalten

Aufgabe

d) Übertragt die folgende Information gut lesbar auf euer Lernplakat.
Gestaltet dazu ein passendes Bild, das den Inhalt der Information auf einen Blick verdeutlicht.

> Aufklärung = engl. enlightenment, frz. illuminière, it. illuminismo.
>
> Aufklärung bedeutet auch Erleuchtung und Aufhellung des menschlichen Verstandes.

e) Schreibt die Sprechblase groß und farbig auf euer Plakat.

> Habe Mut, dich deines eigenen Verstandes zu bedienen!

— KANT

f) Übertragt die drei Säulen der Aufklärung größer auf euer Plakat.

Wissenschaften
- naturwissenschaftliches Weltbild
- Bildung: Schulen, Verstand
- Infragestellung des Schöpfergedankens
- Erklärung der Welt: wissenschaftliche Weltaneignung
- Freiheit des Einzelnen in weltlichen und religiösen Dingen

Reform des Staates und des Rechts
- Verfassungs- und Gesetzesreform
- Gesellschaftsreform
- Kritik an Kirche
- Kritik am Staat
- Infragestellung der Regierungsgewalt (durch Gott gegeben?)
- Veränderung der Gesellschaftsstruktur

Wirtschaft
- Manufakturen
  Geselle → Arbeiter
- Merkantilismus
  Bürger → Unternehmer
- Agrarrevolution
  Bauer → Städter

g) Gebt eurem Plakat eine Hauptüberschrift und passende Zwischenüberschriften.

Eine Diskussion führen: auf einen Blick

Bei einer Diskussion werden unterschiedliche Meinungen zu einem Thema oder einer Frage ausgetauscht. Dabei kommt es darauf an, dass du deine eigene Meinung gut begründest und dass du auf die Meinungen anderer eingehst. Damit die Diskussion fair verläuft, halten sich alle an vereinbarte Regeln. Ein Diskussionsleiter kann dabei helfen, Streitigkeiten zu vermeiden.

Aufgabe

1. Lies die Informationskästen genau durch.

Der Diskussionsleiter
- eröffnet die Diskussion,
- übernimmt die Gesprächsführung,
- merkt sich die Reihenfolge der Meldungen und erteilt das Wort,
- weist auf Regelverstöße hin,
- führt Abstimmungen durch.

Die Voraussetzungen
Mach dir vor der Diskussion noch einmal klar:
- Wie ist ein Argument aufgebaut?
- Mit welchen Formulierungen kann ich widersprechen und zustimmen?
- Mit welchen Formulierungen kann ich zwischen zwei unterschiedlichen Meinungen vermitteln?

Die Regeln
- Melde dich. Rede nicht einfach los.
- Rede zum Thema oder zur Fragestellung.
- Begründe deine Meinung. Nutze dafür Argumente.
- Gehe auf andere Meinungen ein.
- Höre ruhig und aufmerksam zu. Lass die anderen ausreden.
- Streite mit fairen und nicht verletzenden Argumenten. Bleibe sachlich.
- Sei nicht rechthaberisch, lass dich von guten Argumenten auch überzeugen.
- Respektiere andere Ansichten.
- Sieh deine Gesprächspartner beim Reden an.
- Lache niemanden aus.
- Sprich ich der Ich-Form. Sprich von deiner Wahrnehmung und deiner Meinung.

Der Sitzkreis
- Alle sitzen in einer Runde ohne Tische.
- Die Lehrerin/der Lehrer ist eine oder einer von vielen.
- Alle haben Blickkontakt miteinander.
- Körpersprache, Mimik, Gestik sind für alle erkennbar.

Ein Diskussion führen: die Voraussetzungen klären

Aufgaben

1. Wie ist ein Argument aufgebaut?
   Schreibe die Begriffe in der richtigen Reihenfolge auf die Linien.

   Begründung • Beispiel • Behauptung

   1. _____
   2. _____
   3. _____

2. Formuliere jeweils ein vollständiges Argument zu den folgenden Fragestellungen.
   - Sollten Handys in der Schule prinzipiell verboten werden?

   _____
   _____
   _____
   _____

   - Sollten die Noten abgeschafft werden?

   _____
   _____
   _____
   _____

3. Notiere jeweils passende Formulierungen.

   Du widersprichst einem Gesprächspartner:

   _____
   _____

   Du stimmst einem Gesprächspartner zu:

   _____
   _____

4. Notiere Formulierungen, mit denen du zwischen zwei unterschiedlichen Meinungen vermitteln kannst.

   _____
   _____

Eine Diskussion vorbereiten und führen

Bildet einen Sitzkreis und bereitet euch mit Hilfe der Texte auf den Seiten 70 und 71 auf eine Diskussion vor. So lautet die Fragestellung:

> Lassen sich Konflikte friedlich lösen?

Aufgaben

1. Lasst euch den Text von einer guten Leserin oder einem guten Leser vortragen.

Die Geschichte von den Brüllstieren

Einmal waren zwei Stiere auf einer Wiese. Sie wollten den Kühen zeigen, wie stark sie waren.
Der eine brüllte: „Ich bin stärker als du! Ich kann dich umrennen, wenn ich will!"
5 Und der andere schrie: „Nein, ich bin stärker! Ich kann dich mit den Hörnern in die Luft werfen, wenn ich will!"
Und die Kühe standen am Zaun und staunten.
Da brüllte der eine noch lauter: „Ich kann dich zu
10 Brei stampfen, wenn ich will!"
Und der andere schrie zurück: „Ich kann dich anschnauben, dass dir dein Fell verbrennt, wenn ich will!"
Und die Kühe am Zaun muhten und wunderten sich.
Die Stiere brüllten weiter, bis sie heiser waren. Sie 15 konnten nur noch piepsen und quietschen.
Der eine krächzte: „Ich kann mit den Augen rollen, dass du vor Angst in ein Mauseloch kriechst, wenn ich will!"
Und der andere brachte gerade noch heraus: „Ich 20 kann dich mit der Schwanzspitze antippen, dass du auf den Mond fliegst, wenn ich will."
Da haben sich die Kühe gelangweilt über das dumme Gebrüll. Sie haben den Stieren den Rücken zugedreht und sie allein weiterschreien lassen. 25

Ursula Wölfel

2. Notiert an der Tafel alles, was euch zu dem Text einfällt.

3. Warum brüllen die Stiere eigentlich? Um was geht es ihnen? Notiert mögliche Gründe an der Tafel.

4. Sprecht über eure Erfahrungen mit „Brüllstieren" in der Schule, im Verein, in der Clique usw.

5. Wie bewertet ihr das Verhalten der Kühe am Anfang und am Ende des Textes? Sprecht darüber.

6. „Killerphrasen" solltet ihr in Diskussionen unbedingt vermeiden. Sie sind unfair und würgen jedes Gespräch ab. Lest die beiden Beispiele und notiert weitere Killerphrasen an der Tafel.

   • *Du hast doch keine Ahnung.*
   • *Da macht keiner mit.*
   …

Eine Diskussion vorbereiten und führen

Aufgaben

7. Lest den Text und markiert den Satz, in dem steht, warum die Ziegen ihren Konflikt nicht lösen können.

Von zwei starrköpfigen Ziegen

Zwei Ziegen kehrten von der Weide nach Hause zurück. Frohgemut ging eine jede ihres Wegs, denn beide hatten sich gut gesättigt. Sie begegneten einander beim Bach auf einem schmalen Steg, unter dem eiskaltes Wasser murmelnd dahinströmte.
Jetzt standen sie einander gegenüber, so dicht, dass sie ihren Atem spürten. „Ich weiche nicht aus", dachte die erste Ziege bei sich und stampfte zornig mit ihren harten Hufen.
Die zweite Ziege war um nichts vernünftiger. „Geh mir aus dem Weg", meckerte sie eigensinnig.
„Warum sollte ich dir aus dem Weg gehen?", sagte die erste Ziege und sah finster drein, dass man Angst vor ihr bekommen konnte. „Weiche du aus!"
Die zweite Ziege ließ sich nicht Bange machen. „Ich weiche nicht aus! Das könnte ein jeder sagen."
„Wirst du mir aus dem Wege gehen oder nicht?", ärgerte sich die erste Ziege.
„Nee-ee, nee-ee!", meckerte starrköpfig die zweite Ziege.
„Wir werden sehen, wer stärker ist", gebärdete sich die erste Ziege drohend, stemmte sich gegen die Balken und stand regungslos da.
Zwei Paar Hörner schlugen heftig aufeinander, stießen blindlings aufeinander ein. Das konnte natürlich nicht gut ausgehen. Starrköpfigkeit und Eigensinn hatten beide geblendet. Da wankten auch schon die bockbeinigen Ziegen, taumelten plötzlich, verloren das Gleichgewicht und bums, pardauz! plumpsten sie in das eiskalte Wasser.
Dort kühlten sie ihren Zorn, nachdem sie ordentlich gebadet und viel Wasser geschluckt hatten.

Jean de La Fontaine

8. Welche anderen Ursachen haben Konflikte eurer Erfahrung nach noch? Notiert Stichworte.

_____

_____

9. Sammelt an der Tafel Argumente für die beiden folgenden Behauptungen.
   - Man kann einem anderen nicht immer den Vortritt lassen.
   - Es schadet oft nichts, einem anderen den Vortritt zu lassen.

10. Sammelt unabhängig von den beiden Texten weitere Pro- und Kontra-Argumente zu der Frage: „Lassen sich Konflikte friedlich lösen?"

11. Führt die Diskussion zur Fragestellung. Beachtet dabei die Gesprächsregeln.

Eine Diskussion zum Thema „Freundschaft" führen

Aufgaben

1. Lest das Gedicht.

   Freundschaften
   „Könntest du notfalls das letzte Hemd vom Leib weggeben?
   Dich eher in Stücke reißen lassen, als ein Geheimnis verraten?
   Lieber schwarz werden, als jemanden im Stich lassen?
   Pferde stehlen oder durchs Feuer gehen?"
   5 „Ja."
   „Auch für mich?"
   „Ja."
   „Dann bist du mein Freund."
   „Und du? Könntest du notfalls verzeihen?"
   10 „Es kommt darauf an, was."
   „Dass ich vielleicht einmal nicht das letzte Hemd hergebe,
   mich nicht immer in Stücke reißen lasse,
   ausnahmsweise nicht schwarz werden will,
   nicht in jedem Fall Pferde stehle oder durchs Feuer gehe?"
   15 „Ja."
   „Dann bist du auch mein Freund."

   Hans Manz

2. Welche Vorstellung von Freundschaft kommt in dem Gedicht zum Ausdruck? Erläutere.

   _____
   _____
   _____
   _____

3. Sammelt eure Vorstellungen von „wahrer" Freundschaft. Ihr könnt dazu einen Cluster an der Tafel oder an einem Flipchart anlegen.

Fortsetzung von Seite 72 **Eine Diskussion zum Thema „Freundschaft" führen**

Aufgaben

4. Übt, auf eure Vorredner einzugehen. Ihr könnt ihnen widersprechen oder ihnen beipflichten.
   a) Lest die Formulierungshilfen und die Aussagen in den Sprechblasen.

   Ich stimme dir zu, aber …

   Einerseits sehe ich …, andererseits …

   Zwar bin ich wie du der Meinung, dass …, dennoch …

   Das ist ein überzeugendes Argument, dem ich mich nur anschließen kann.

   Ich teile deine Ansicht (nicht), weil …

   Ich kann deinen Einwand gegen … nachvollziehen, möchte aber …

   A Ein Freund sollte immer für mich da sein, egal, worum es geht.

   B Wahre Freundschaft zeichnet sich nicht dadurch aus, dass man immer nur macht, was der andere will.

   C Ein echter Freund muss auch Kritik üben.

   b) Verbindet nun die Aussagen in den Sprechblasen mit Hilfe der passenden Formulierungen zu einem sinnvollen Gespräch. Schreibt auf die Linien.

   Sprecher A: Ein Freund sollte immer für mich da sein, egal, worum es geht.

   Sprecher B: _____

   _____

   _____

   Sprecher C: _____

   _____

   _____

5. Führt in der Klasse eine Diskussion zum Thema „Wahre Freundschaft".

Die Gesprächsführung üben

Jemanden, der ein Gespräch leitet, nennt man Moderator (lateinisch = Vermittler). Er sollte unparteiisch sein und dafür sorgen, dass jeder seine Ansicht in angemessener Weise einbringen kann.
Viele Ausbildungsbetriebe erwarten von ihren Bewerbern die Moderation von Gesprächen.
Es ist daher wichtig, dass sich wirklich jede Schülerin und jeder Schüler darin übt.

Aufgaben

1. Suche dir eines der folgenden Themen aus.
   - Sollte der Sportunterricht abgeschafft werden?
   - Sollte die Schule kostenlosen Nachhilfeunterricht anbieten?
   - Sollten Berufspraktika für alle Schüler verpflichtend sein?
   - Wie sollte mit Störungen im Unterricht umgegangen werden?

2. Erschließe dein Thema mit Hilfe eines Brainstormings. Schreibe auf ein Extrablatt.

3. Notiere wichtige Aspekte deines Themas auf Karteikarten.

4. Bereite ein Gespräch zu deinem Thema vor. Beantworte dazu die folgenden Fragen.

   - Welche drei Gesprächsregeln möchtest du den Teilnehmern der Gesprächsrunde mitteilen?

   _____
   _____
   _____

   - Mit welcher interessanten Frage willst du die Gesprächsrunde eröffnen?

   _____
   _____

   - Welche Anregungen kannst du geben, wenn das Gespräch zum Stillstand kommt?

   _____
   _____

   - Wie lange sollte ein einzelner Gesprächsbeitrag maximal dauern?

   _____

   - Wie kannst du die Ergebnisse des Gesprächs festhalten?

   _____

5. Moderiere eine Diskussion zu deinem Thema.

Ein Interview führen

Das Interview ist eine Gesprächsform, bei der einer Person oder einer Personengruppe vorbereitete Fragen gestellt werden.

1. Schritt: Vorbereitung:
- Bittet die Person, die ihr interviewen wollt, vorab um ihr Einverständnis.
- Verabredet einen Ort und eine Uhrzeit für das Interview.
- Klärt die Aufzeichnungsart (Kassettenrekorder, Notizblock) und probiert sie vorher aus.
- Bereitet eure Fragen sorgfältig vor.

2. Schritt: Durchführung:
- Vermeidet Störungen während des Interviews.
- Versichert, dass ihr Antworten nicht verdreht oder falsch wiedergebt.

3. Schritt: Nachbereitung:
- Wertet eure Aufzeichnungen aus, ordnet sie und fasst sie zusammen.
- Präsentiert die Ergebnisse eures Interviews.
- Bewertet euer Interview gemeinsam mit euren Zuhörern.
  Was war neu? Was habt ihr gelernt? Welche Probleme gab es?

Aufgabe

1. Führt eines der folgenden Interviews zu zweit durch.

   A Führt in der Klasse ein Interview über Zukunftsträume durch. Geht so vor:
   - Interviewt eure Klassenkameraden einzeln (ohne weitere Zuhörer).
   - Wertet eure Interviews aus. Vergleicht die Antworten.
   - Überlegt, wie ihr euer Ergebnis anschaulich präsentieren könnt.

   B Führt ein Interview zum Thema „Meine Aufgabe an dieser Schule" durch. Geht so vor:
   - Bereitet eure Fragen vor.
   - Überlegt, wen ihr interviewen wollt (Hausmeister, Direktor usw.). Macht einen Termin.
   - Wertet euer Interview aus und präsentiert es in der Klasse.

   C Führt ein Promi-Interview mit Harry Potter durch:
   - Sucht euch ein Thema („Fairness im Quidditch-Spiel", „Verantwortung" usw.).
   - Formuliert Fragen und schreibt selbst passende Antworten.
   - Nehmt zu zweit euer Interview auf und spielt es in der Klasse vor.

Szenisches Spielen

Das szenische Spielen ermöglicht es dir, dich in die Gefühle und Gedanken, Fantasien und Wünsche anderer Menschen hineinzuversetzen und dabei auch etwas über dich selbst zu erfahren. Ausgangspunkt für das Spiel können literarische Texte, Bilder oder auch einfach Situationen sein, die du dir vorstellen und in die du dich einfühlen kannst.

Zum Spielen brauchst du übrigens nicht immer Kostüme und Requisiten, du kannst dich auch ganz auf deine Mimik (deinen Gesichtsausdruck) und deine Gestik (deine Körperbewegungen) verlassen.

Aufgaben

1. Stelle dir vor, du bekommst einen der folgenden Briefe. Deine Mitschüler sollen anhand deiner Mimik und Gestik erkennen, welche Informationen der Brief enthält:

   - Er ist sehr traurig. Jemand ist krank geworden oder gestorben.
   - Er enthält eine Überraschung, zum Beispiel die Benachrichtigung über einen Gewinn.
   - Er macht dich sehr glücklich, da er die erwartete Liebesbotschaft enthält.
   - Er macht dich wütend, da er die Ablehnung eines lang ersehnten Wunsches enthält.

2. Führe mit einem Partner eine Spiegelbildpantomime auf. Dazu muss einer von euch „vor dem Spiegel stehen" und der andere sein „Spiegelbild" sein.
   Stellt euch einander gegenüber und stellt die folgenden Tätigkeiten dar, die ihr morgens im Bad vor dem Spiegel ausführt.
   Tipp: Spielt langsam, macht keine zu schnellen Bewegungen.

   - Wischt euch den Schlaf aus den Augen.
   - Wascht euch das Gesicht.
   - Kämmt euch die Haare.
   - Putzt gründlich die Zähne.
   - Säubert zum Schluss den Spiegel.

Fortsetzung auf Seite 77

Fortsetzung von Seite 76 **Szenisches Spielen**

Aufgaben

3. Führt in der Gruppe eine der folgenden kleinen Szenen auf.
   Setzt dabei nur Mimik und Gestik ein. Nutzt keine Requisiten.

- Im Park begegnen sich sehr unterschiedliche Leute: eine Großmutter, ein Polizist bei der Verfolgung eines Taschendiebes, ein Mädchen mit Kopfhörer, ein Betrunkener …

- Bei einer großen Modenschau laufen Models über einen Laufsteg, werden bejubelt oder ausgepfiffen, führen sportliche oder elegante Mode vor, stolpern …

- Ein schweres Paket soll in die neue Wohnung geschafft werden. Nacheinander probieren ein kleiner Junge, ein Muskelprotz, eine alte Frau auf ganz verschiedene Weise, das Paket in die Wohnung zu tragen. Wichtig dabei ist, dass sich die Form und die Größe des Pakets nicht verändern dürfen.

---

4. Führt nun in der Gruppe eine der folgenden kleinen Szenen als Stegreifspiel (also ohne vorher zu proben) auf. Setzt dabei neben Mimik und Gestik auch Sprache ein. Nutzt keine Requisiten.

- Ein sehr voller Bus, in dem die Menschen aneinanderstoßen, sich beschimpfen, um einen Sitzplatz bitten …

- Eine Schulklasse, deren Lehrer für kurze Zeit den Raum verlassen hat und die gleich eine Mathematikarbeit schreiben soll …

- Das Wartezimmer eines Tierarztes, in dem die Besitzer ganz verschiedener Tierarten aufeinandertreffen …

- Euer Wohnzimmer, in dem ihr eure Eltern von etwas überzeugen wollt oder ihnen etwas erklären müsst …

Lösungen

Seite 12
In der Gruppe arbeiten: der Arbeitsablauf

zu 1:
1. Wir richten die Gruppentische ein
2. Wir planen unsere Arbeit
3. Wir vereinbaren Gruppenregeln
4. Wir bearbeiten den Stoff/das Thema
5. Wir bereiten die Präsentation vor
6. Wir werten die Gruppenarbeit aus

Seite 15
In der Gruppe arbeiten: die Regeln

zu 3:
Regeln für die Gruppenarbeit:
– sich gegenseitig helfen
– die Arbeit gerecht verteilen und gemeinsam durchführen
– zielstrebig arbeiten
– Teilergebnisse vergleichen und unterschiedliche Auffassungen diskutieren
– zuhören und aufeinander eingehen
– die anderen respektieren und Meinungen tolerieren
– niemanden ausgrenzen, auslachen, beleidigen

Seiten 20 bis 23
Einen Sachtext lesen: Schritt für Schritt

zu 6:
zum Beispiel:
kommerziell: am wirtschaftlichen Erfolg orientiert
Reeder: Schiffseigner
Rohstofflieferant: Grundstoff, der weiterverwertet wird
Kesseltreiben: wilde Jagd

zu 9:
Man erhält eine bessere Vorstellung, zum Beispiel von den Gefahren des Walfangs.

Seiten 24 bis 47
Inhalte eines Sachtextes veranschaulichen

zu 4:
Für die Darstellung von Zusammenhängen mit Berücksichtigung von Über- und Unterordnung.

Seiten 28 bis 31
Im Wörterbuch nachschlagen

zu 1:
In dieser Reihenfolge müssen die Wörter eingesetzt werden:
Alphabet, Wörter, dritten, Ende, erste, letzte, Suche, Infinitiv, Nominativ

zu 4:
Vampir, Vanilleeis, Vase, Vegetarier, Volleyball, Vulkan, Wade, Wanze, Wisent, Wolken

zu 5:
Familie, Fanclub, Forelle, Phantom, Pharao, Philosoph, Physik

zu 10:
Die Grundformen sind:
der Narr, die Streiche, versuchen, der Geizige, erteilen, ziehen, verfolgen, die Station

Seiten 34 bis 39
Diagramme schrittweise erschließen

zu 1a:
oben links: Tortendiagramm/Kreisdiagramm
oben rechts: Säulendiagramm
unten links: Balkendiagramm
unten rechts: Kurvendiagramm

zu 1b:
Größenverhältnisse: Tortendiagramm, Säulendiagramm, Balkendiagramm
Entwicklungen: Kurvendiagramm

zu 1c:
– Mit dieser Diagrammform lassen sich verschiedene Werte besonders gut vergleichen: Säulendiagramm
– Diese Diagrammform eignet sich besonders gut für die Darstellung eines Ganzen (von 100 %): Tortendiagramm
– Mit dieser Diagrammform lässt sich zum Beispiel der zeitliche Verlauf von etwas besonders gut darstellen: Kurvendiagramm

Lösungen

zu 1d:

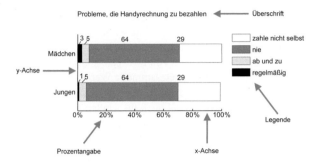

Seite 49
Eine Mindmap für alle Fälle

zu 1b:

Seite 52
Texte im Team überarbeiten

zu 1:

zum Beispiel:
- Die Überschrift könnte klarer sein: Das Rauchen sollte verboten werden
- Die Einleitung kommt zu spät zur Sache.
- Der Schlussgedanke fehlt.
- Die Absätze im Hauptteil fehlen.

Seite 53
Aufgabenstellungen verstehen

zu 2:

analysieren/untersuchen: Texte und Sachverhalte genau untersuchen, zum Beispiel den Aufbau eines Textes erklären oder seine Gestaltungsmittel benennen.
begründen: Auffassungen und Behauptungen argumentativ begründen und mit Beispielen belegen.
beurteilen: Etwas begründet bewerten.
definieren: Einen Begriff oder einen Sachverhalt exakt bestimmen und beschreiben.
erklären: Etwas begründet darstellen, zeigen, woraus es sich ergibt.
erläutern: Etwas veranschaulichen oder verdeutlichen.
interpretieren: Etwas deuten oder auslegen, zum Beispiel die Ergebnisse, die eine Textuntersuchung/Textanalyse erbracht haben.
vergleichen: Gemeinsames und Unterschiedliches herausstellen und gegenüberstellen.
zitieren: Etwas wörtlich wiedergeben.
zusammenfassen: Einen Inhalt wiedergeben und sich dabei auf das Wesentliche beschränken.

Seite 55
Einen Vortrag vorbereiten und halten: Vorüberlegungen anstellen

zu 3:
5 bis 10 Minuten

Seite 57
Einen Vortrag vorbereiten und halten: das Material beschaffen

zu 1:
Lexikon und Computer

Seite 62
Einen Vortrag üben und halten

zu 2:
Eine stabile und ruhige Haltung ist angemessen. Ein Referat wird nicht im Sitzen, sondern stehend gehalten.

Seite 69
Eine Diskussion führen: die Voraussetzungen klären

zu 1:
1. Behauptung
2. Begründung
3. Beispiel

Quellenverzeichnis

Textquellen

S. 21 und 22: Petra Deimer, Der Walfang. Aus: Petra Deimer, Was ist was? Wale und Delfine. Band 85. Tessloff Verlag, Nürnberg 1999
S. 24, 25 und 26: Hans Reichardt, Die Sieben Weltwunder. Aus: Hans Reichardt, Was ist was? Die Sieben Weltwunder. Band 81. Tessloff Verlag, Nürnberg 1999
S. 39 oben: Der Bundeswahlleiter
S. 39 unten: Statistisches Bundesamt

S. 70: Ursula Wölfel, Die Geschichte von den Brüllstieren. Aus: Ursula Wölfel, Achtundzwanzig Lachgeschichten. Thienemann Verlag, Stuttgart-Wien 1993
S. 71: Jean de La Fontaine, Von zwei starrköpfigen Ziegen. Aus: Jean de La Fontaine, Gesammelte Werke, Berlin 1890
S. 72: Hans Manz, Freundschaft. Aus: Hans Manz, Die Welt der Wörter, Sprachbuch für Kinder und Neugierige. Beltz Verlag, Weinheim und Basel 1991

Bildquellen

Umschlagfoto: contrastwerkstatt – fotolia.com
Umschlagillustrationen: Petra Ballhorn, Berlin

S. 12: Thomas Schulz, Teupitz
S. 21: akg-images, Berlin
S. 24: picture-alliance/akg-images/Andrea Jemolo, Frankfurt am Main
S. 26: picture-alliance/akg-images, Frankfurt am Main
S. 28: Duden Verlag/Cornelsen Verlag, Berlin
S. 32 links: Cornelsen Verlag/Scriptor Verlag, Berlin
S. 32 rechts: Cornelsen Verlag, Berlin
S. 48 links: © Andre Hamann – fotolia.com
S. 48 Mitte links: © TimeHacker – fotolia.com
S. 48 Mitte rechts: © PicturenetCorp – fotolia.com
S. 48 rechts: © Philipp Wininger – fotolia.com
S. 54: David Ausserhofer, Wandlitz
S. 62: Thomas Schulz, Teupitz
S. 65 oben links: picture-alliance/maxppp, Frankfurt am Main
S. 65 oben Mitte: picture-alliance/imagestate/HIP, Frankfurt am Main
S. 65 oben rechts: picture-allinace/dpa, Frankfurt am Main
S. 65 unten links: picture-alliance/dpa, Frankfurt am Main
S. 65 unten Mitte: picture-alliance/dpa, Frankfurt am Main
S. 65 unten rechts: Moritz:picture-alliance/akg-images, Frankfurt am Main

S. 69: Thomas Schulz, Teupitz
S. 74: © NDR/Wolfgang Borrs
S. 75: Thomas Schulz, Teupitz
S. 76: Thomas Schulz, Teupitz
S. 77: Thomas Schulz, Teupitz

Nicht bei allen Abbildungen und Texten konnten wir den Rechteinhaber ausfindig machen. Berechtigte Ansprüche werden wir im üblichen Rahmen vergüten.